Claus Gigl

Bessere Noten in Klassenarbeiten Deutsch 8

Gymnasium

Klett Lerntraining

Claus Gigl ist Lehrer für die Fächer Deutsch und Geschichte in Bayern und in der Lehreraus- und -weiterbildung tätig. An der Universität München ist er Zweitprüfer für das Fach Deutsch.

Bibliografische Information der Deutschen Bibliothek
Die Deutsche Bibliothek verzeichnet diese Publikation in der Deutschen Nationalbibliografie; detaillierte bibliografische Daten sind im Internet über http://dnb.ddb.de abrufbar.

Auflage 4. 3. 2. 1. | 2012 2011 2010 2009
Die letzten Zahlen bezeichnen jeweils die Auflage und das Jahr des Druckes.
Dieses Werk folgt der neuesten Rechtschreibung und Zeichensetzung. Ausnahmen bilden Texte, bei denen künstlerische, philologische oder lizenzrechtliche oder andere Gründe einer Änderung entgegenstehen.

Internetadresse: www.klett.de
Umschlaggestaltung: know idea GmbH, Freiburg, mit Franziska Döhler
Umschlagillustration: Lars Benecke, Hannover
Satz: DTP-studio Andrea Eckhardt, Göppingen
Druck: Medienhaus Plump, Rheinbreitbach
Printed in Germany
ISBN: 978-312-927153-7

9 783129 271537

Inhalt

Inhalt

Lösungen

Vorwort

Liebe Schülerin, lieber Schüler,

du willst **perfekt vorbereitet** in die nächste **Klassenarbeit** gehen?
Dann teste dich mit unseren „Klassenarbeiten" und du wirst wissen, wie gut du bist.
Die **12 Klassenarbeiten** in diesem Band decken alle **wichtigen Themen** des 8. Schuljahrs im Fach Deutsch ab.
Die meisten Klassenarbeiten sind auf **45 Minuten** angelegt, bei einigen hast du etwas mehr Zeit. Allen Aufgaben sind **Punkte** zugeordnet – **wie in der Schule**.
Mit den **ausführlichen Lösungen** kannst du ohne fremde Hilfe kontrollieren, ob du alles richtig gemacht hast. Dann weißt du auch genau, was der Lehrer bzw. die Lehrerin von dir erwartet.
Zusätzliche Tipps geben dir Hinweise auf besondere **Stolpersteine** und erinnern dich an wichtige **Regeln** und **Formeln**.
Deine **Note** erfährst du, wenn du alle erreichten Punkte zusammenzählst.

Hier sind einige Regeln für das Schreiben von Klassenarbeiten, die du sicherlich schon kennst, an die man sich aber immer wieder erinnern sollte:

- Denke daran, was du alles kannst! Das ist mehr, als du denkst.
- Achte auf die äußere Form: Schreibe sauber und leserlich.
- Nimm dir am Ende noch etwas Zeit und kontrolliere, was du geschrieben hast, bevor du abgibst.

Extra-Tipp:

Wenn das Lösen der Klassenarbeiten noch nicht richtig klappt, können dir die Lernhilfen von Klett Lerntraining helfen, z. B. aus der Reihe Training.

So geht's!

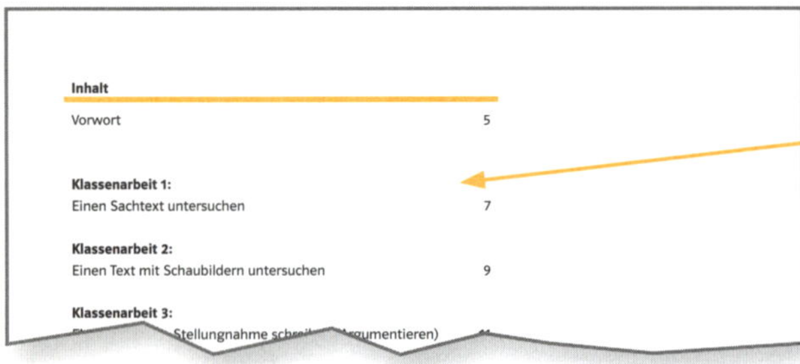

Inhalt

Schritt 1: Klassenarbeit auswählen

Suche dir im Inhaltsverzeichnis die passende Klassenarbeit zu dem Stoffgebiet heraus, das du gerade in der Schule behandelst.

Schritt 2: Klassenarbeit lösen

Nimm dir je nach Klassenarbeit 45–60 Minuten Zeit und versuche, die Aufgaben selbstständig zu lösen. Lege dir auch alle zusätzlich benötigten Materialien, Stifte, Schmierpapier usw. bereit. Eine Hilfe, wie du bei der Lösung vorgehen kannst, findest du unter dem Punkt „Vorarbeiten" im Lösungsteil.

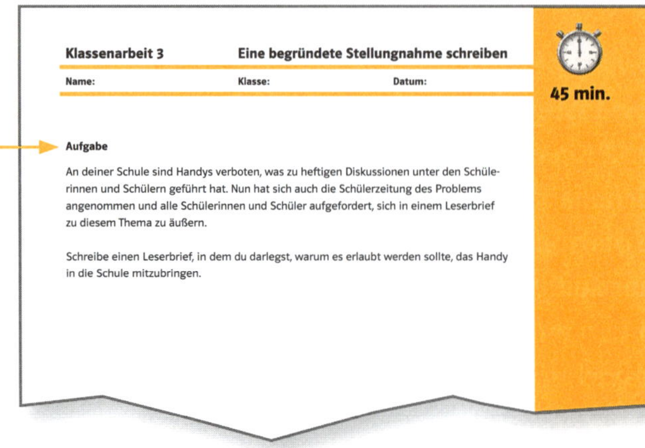

Klassenarbeit 3 **Eine begründete Stellungnahme schreiben**

Name: **Klasse:** **Datum:**

45 min.

Aufgabe

An deiner Schule sind Handys verboten, was zu heftigen Diskussionen unter den Schülerinnen und Schülern geführt hat. Nun hat sich auch die Schülerzeitung des Problems angenommen und alle Schülerinnen und Schüler aufgefordert, sich in einem Leserbrief zu diesem Thema zu äußern.

Schreibe einen Leserbrief, in dem du darlegst, warum es erlaubt werden sollte, das Handy in die Schule mitzubringen.

Schritt 3: Klassenarbeit korrigieren

Vergleiche deine Ergebnisse mit der Musterlösung hinten im Band.

Schritt 4: Punkte vergeben

Nun kannst du mithilfe des Bewertungsbogens deinen Aufsatz Punkt für Punkt überprüfen und dir jeweils für Inhalt, Sprache, Rechtschreibung usw. Punkte geben.

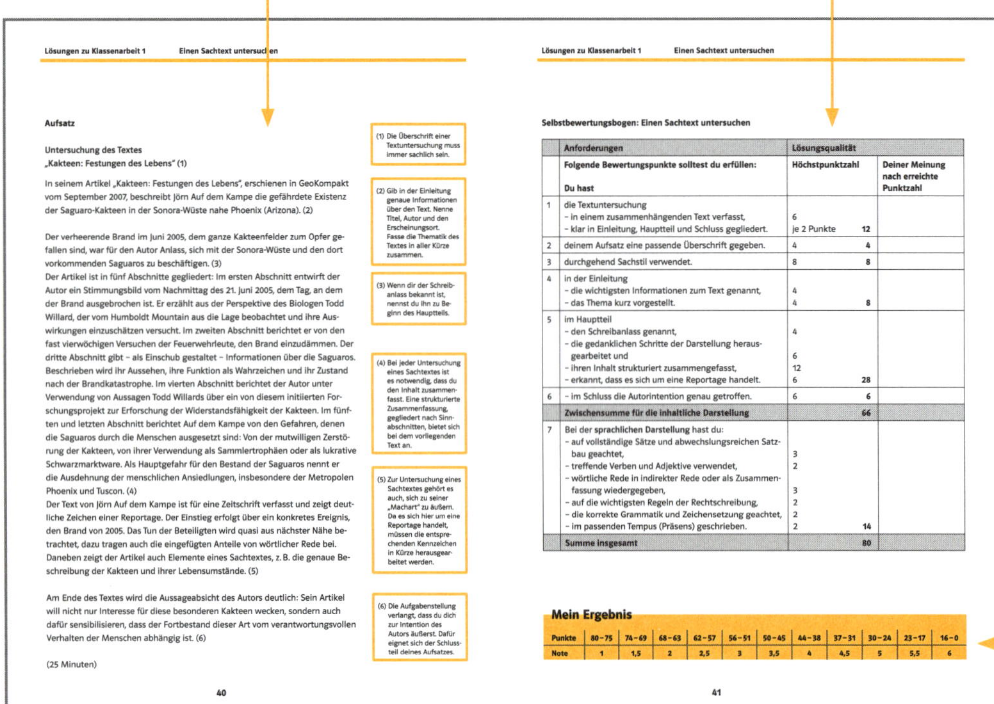

Lösungen zu Klassenarbeit 1 **Einen Sachtext untersuchen**

Aufsatz

Untersuchung des Textes
„Kakteen: Festungen des Lebens" (1)

In seinem Artikel „Kakteen: Festungen des Lebens", erschienen in GeoKompakt vom September 2007, beschreibt Jörn Auf dem Kampe die gefährdete Existenz der Saguaro-Kakteen in der Sonora-Wüste nahe Phoenix (Arizona). (2)

Der verheerende Brand im Juni 2005, dem ganze Kakteenfelder zum Opfer gefallen sind, war für den Autor Anlass, sich mit der Sonora-Wüste und den dort vorkommenden Saguaros zu beschäftigen. (3)
Der Artikel ist in fünf Abschnitte gegliedert: Im ersten Abschnitt entwirft der Autor ein Stimmungsbild vom Nachmittag des 21. Juni 2005, dem Tag, an dem der Brand ausgebrochen ist. Er erzählt aus der Perspektive des Biologen Todd Willard, der vom Humboldt Mountain aus die Lage beobachtet und ihre Auswirkungen einzuschätzen versucht. Im zweiten Abschnitt berichtet er von den fast vierwöchigen Versuchen der Feuerwehrleute, den Brand einzudämmen. Der dritte Abschnitt gibt – als Einschub gestaltet – Informationen über die Saguaros. Beschrieben wird ihr Aussehen, ihre Funktion als Wahrzeichen und ihr Zustand nach der Brandkatastrophe. Im vierten Abschnitt berichtet der Autor unter Verwendung von Aussagen Todd Willards über ein von diesem initiierten Forschungsprojekt zur Erforschung der Widerstandsfähigkeit der Kakteen. Im fünften und letzten Abschnitt berichtet Auf dem Kampe von den Gefahren, denen die Saguaros durch die Menschen ausgesetzt sind: Von der mutwilligen Zerstörung der Kakteen, von ihrer Verwendung als Sammlertrophäen oder als lukrative Schwarzmarktware. Als Hauptgefahr für den Bestand der Saguaros nennt er die Ausdehnung der menschlichen Ansiedlungen, insbesondere der Metropolen Phoenix und Tuscon. (4)
Der Text von Jörn Auf dem Kampe ist für eine Zeitschrift verfasst und zeigt deutliche Zeichen einer Reportage. Der Einstieg erfolgt über ein konkretes Ereignis, den Brand von 2005. Das Tun der Beteiligten wird quasi aus nächster Nähe betrachtet, dazu tragen auch die eingefügten Anteile von wörtlicher Rede bei. Daneben zeigt der Artikel auch Elemente eines Sachtextes, z. B. die genaue Beschreibung der Kakteen und ihrer Lebensumstände. (5)

Am Ende des Textes wird die Aussageabsicht des Autors deutlich: Sein Artikel will nicht nur Interesse für diese besonderen Kakteen wecken, sondern auch dafür sensibilisieren, dass der Fortbestand dieser Art vom verantwortungsvollen Verhalten der Menschen abhängig ist. (6)

(25 Minuten)

(1) Die Überschrift einer Textuntersuchung muss immer sachlich sein.

(2) Gib in der Einleitung genaue Informationen über den Text. Nenne Titel, Autor und den Erscheinungsort. Fasse die Thematik des Textes in aller Kürze zusammen.

(3) Wenn dir der Schreibanlass bekannt ist, nennst du ihn zu Beginn des Hauptteils.

(4) Bei jeder Untersuchung eines Sachtextes ist es notwendig, dass du den Inhalt zusammenfasst. Eine strukturierte Zusammenfassung, gegliedert nach Sinnabschnitten, bietet sich bei dem vorliegenden Text an.

(5) Zur Untersuchung eines Sachtextes gehört es auch, sich zu seiner „Machart" zu äußern. Da es sich hier um eine Reportage handelt, müssen die entsprechenden Kennzeichen in Kürze herausgearbeitet werden.

(6) Die Aufgabenstellung verlangt, dass du dich zur Intention des Autors äußerst. Dafür eignet sich der Schlussteil deines Aufsatzes.

40

Lösungen zu Klassenarbeit 1 **Einen Sachtext untersuchen**

Selbstbewertungsbogen: Einen Sachtext untersuchen

	Anforderungen	**Lösungsqualität**		
	Folgende Bewertungspunkte solltest du erfüllen: **Du hast**	**Höchstpunktzahl**		**Deiner Meinung nach erreichte Punktzahl**
1	die Textuntersuchung – in einem zusammenhängenden Text verfasst, – klar in Einleitung, Hauptteil und Schluss gegliedert.	 6 je 2 Punkte	**12**	
2	deinem Aufsatz eine passende Überschrift gegeben.	4	**4**	
3	durchgehend Sachstil verwendet.	8	**8**	
4	in der Einleitung – die wichtigsten Informationen zum Text genannt, – das Thema kurz vorgestellt.	 4 4	**8**	
5	im Hauptteil – den Schreibanlass genannt, – die gedanklichen Schritte der Darstellung herausgearbeitet und – ihren Inhalt strukturiert zusammengefasst, – erkannt, dass es sich um eine Reportage handelt.	 4 6 12 6	**28**	
6	– im Schluss die Autorintention genau getroffen.	6	**6**	
	Zwischensumme für die inhaltliche Darstellung		**66**	
7	Bei der **sprachlichen Darstellung** hast du: – auf vollständige Sätze und abwechslungsreichen Satzbau geachtet, – treffende Verben und Adjektive verwendet, – wörtliche Rede in indirekter Rede oder als Zusammenfassung wiedergegeben, – auf die wichtigsten Regeln der Rechtschreibung, – die korrekte Grammatik und Zeichensetzung geachtet, – im passenden Tempus (Präsens) geschrieben.	 3 2 3 2 2 2	**14**	
	Summe insgesamt		**80**	

Mein Ergebnis

Punkte	**80–75**	**74–69**	**68–63**	**62–57**	**56–51**	**50–45**	**44–38**	**37–31**	**30–24**	**23–17**	**16–0**
Note	**1**	**1,5**	**2**	**2,5**	**3**	**3,5**	**4**	**4,5**	**5**	**5,5**	**6**

41

Schritt 5: Note ablesen

Zähle deine Punkte zusammen und lies in der Tabelle ab, welche Note du erreicht hast.

Hinweis zum Notenschlüssel

Strenge Lehrer/Lehrerinnen verlangen bei Klassenarbeiten das Erreichen von mindestens 50 % der Punkte, um die Note 4 zu erhalten. Dabei hat der Lehrer nur einen kleinen Spielraum. Denke aber bitte daran, dass manche Lehrer auch „milder" benoten und bei gleicher Punktzahl eine bessere Note geben.

Name: **Klasse:** **Datum:**

45 min.

Aufgabe

Erschließe den vorliegenden Text, fasse seinen Inhalt genau zusammen und nenne die Intention (Schreibabsicht) des Verfassers.

Jörn Auf dem Kampe: Kakteen: Festungen des Lebens

Auf eine Umwelt voll mörderischer Zumutungen haben sich Kakteen wie die Saguaros in der Wüste Sonora eingerichtet – und bieten sogar vielen Tieren Wohnung, Tränke und Speisekammer

Am Nachmittag des 21. Juni 2005 verfinstert sich der Himmel über der Sonora. Dann jagt Blitz auf Blitz herab, aber kein Tropfen Wasser fällt aus den dunklen Wolken. Bald züngeln da und dort Flammen empor. Denn nach ungewöhnlich starken Regenfällen Monate zuvor haben sich Gräser und Büsche hier am nordöstlichen Rand der Sonora-Wüste, im „Tonto National Forest“ – einem Naturpark nahe Phoenix, der Hauptstadt von Arizona –, mächtig ausgebreitet und sind dann wieder in der Sonnenhitze verdorrt. Inzwischen lodert das Feuer an zahlreichen Stellen. Der Biologe Todd Willard lenkt seinen Geländewagen den fast 1600 Meter hohen Humboldt Mountain hinauf, um von dort oben die Situation einzuschätzen.

Er sieht, wie sich Feuersäulen die Hänge hinunterfressen, von Norden nach Süden, gegen den Wind. Willard fährt zurück zu seiner Dienststelle, ruft die Kollegen zusammen und organisiert mit ihnen den Widerstand gegen das drohende feurige Inferno. Es wurde der größte Buschbrand in der Sonora seit Menschengedenken. Fast vier Wochen lang kämpften Feuerwehrleute gegen die Flammen, schlugen mit Bulldozern Schneisen in die Vegetation, warfen aus Flugzeugen Löschpulver. Die Feuersbrunst sprang über einen Highway und verheerte mit gut 1000 Quadratkilometern eine Fläche größer als Berlin. Sie vernichtete zahllose Organismen, selbst so zähe wie die Saguaro-Kakteen.

Diese stacheligen Riesen mit ihrer an der Spitze gerundeten Säulenform, der mit Dornen bewehrten, grünlichen, ledrigen Haut und ihren wie zum Gruß erhobenen Armen sind zu Wahrzeichen des US-Bundesstaats Arizona geworden. Ihr Abbild dekoriert Autonummernschilder, und in vielen Westernfilmen bilden sie die karge Kulisse. Carnegiea gigantea, benannt nach dem schottischen Stahlbaron und Forschungsmäzen Andrew Carnegie, wird vermutlich bis zu 300 Jahre alt, rund 15 Meter hoch und damit gewaltiger als die meisten anderen Kakteenarten. Wo Saguaros – sprich „Sa-wah-rohs“ – dicht an dicht stehen, wirken sie wie ein Wald, wenn auch ohne Kronendach und Blätterrauschen, und verleihen so der Sonora etwas Dreidimensionales. Zwei Jahre nach der Katastrophe sind von ihnen im Tonto National Forest weithin nur verkohlte Stümpfe geblieben und teilweise noch die hellen, holzartigen Fasern, welche die Pflanze wie ein Innenskelett stützen. Auf dem steinigen Boden darunter liegen verbrannte Kakteenarme. Immerhin wurden nicht alle Saguaros vom Feuer versehrt. Denn es hat sich nicht in geschlossener Front über die Hänge gewälzt, sondern in separaten Herden vorangearbeitet, und so sind manche Areale verschont geblieben.

„Ein derart großer Buschbrand ist zwar nicht normal in der Sonora", sagt Willard, als er den Jeep über eine holperige Piste steuert, die sich zwischen den Hügeln des Tonto National Forest windet. „Aber er kann immer wieder ausbrechen. Und die Saguaros sind darauf nicht vorbereitet." Willard und seine Kollegen haben daher ein Forschungsprogramm initiiert und unterschiedlich große Jungkakteen angepflanzt. Sie wollen lernen, welche von ihnen am besten gedeihen, wie also künftige Brandverluste auszugleichen sind.

Doch auch der Mensch hat einen Anteil daran, dass der Bestand der Giganten schrumpft. Mitunter, erzählt Willard, werden sie einfach mit Macheten abgehackt oder von Revolver- und Gewehrkugeln durchlöchert. Und weil die Saguaros begehrte Sammlertrophäen sind, kommen in der Nacht Kakteenräuber, graben die tonnenschweren Stachelpflanzen aus und laden sie per Kran auf einen Pick-up, um sie oft für Tausende von Dollars auf dem Schwarzmarkt zu verhökern. Noch schlimmer aber ist, dass sich die Sonora-Metropolen Phoenix und Tucson immer weiter in die Wüste ausdehnen und so den Lebensraum der Saguaros verkleinern.

Name: **Klasse:** **Datum:**

60 min.

Aufgabe

Erschließe den vorliegenden Text. Fasse den Inhalt zusammen und beziehe die Aussagen der Schaubilder in deine Untersuchungen mit ein. Nenne abschließend die Intention (Schreibabsicht) des Autors.

Tobias Bevc: Gesellschaft und Geschichte in Computerspielen

Computerspiele preisen Hedonismus[1], Konsumkultur und Körperkult als einzig glücklich machende Haltungen und sind – zu allem Überfluss – auch noch sexistisch und rassistisch geprägt. Darüber hinaus werden in vielen Online-Rollenspielen atavistische[2] Gesellschafts- und Herrschaftsstrukturen mit Begeisterung aufgenommen, die einen nicht zu unterschätzenden Einfluss auf die Sozialisation[3] insbesondere von Jugendlichen haben könnten. Gleichzeitig ist aber festzustellen, dass Computerspiele in der gesellschaftlichen Realität zunehmend gegenwärtig sind – immer mehr Menschen bereiten sie Spaß.

Computerspiele werden nicht nur von pubertierenden männlichen Jugendlichen mit wachsender Begeisterung betrieben, sondern sie stellen ein gesamtgesellschaftliches Phänomen dar. Insofern ist es ratsam sich diesem Thema mit Bedacht zu nähern. Rufe nach Verboten sind hier genauso fehl am Platz wie Begeisterungsstürme oder Versuche, Computerspiele jeglicher Provenienz[4] als Lernorte für Kinder darzubieten. […]

Zwei Studien jüngeren Datums, zum einen „Spielplatz Deutschland“, zum anderen „ACTA 2007. Computer- und Konsolenspiele. Zielgruppen und Marktsegmente“ gehen den Fragen nach, wer wie viele Computerspiele spielt, und auch, welche Spiele bevorzugt gespielt werden. Diese Studien fördern Erstaunliches zu Tage: Die oft beschriebenen „Hardcore-Gamer“, die den ganzen Tag vor dem PC verbringen und unsportlich sind, die gibt es kaum. Vielmehr zeigt sich, dass die Leidenschaft für Computerspiele durchaus quer durch die Bevölkerung vorhanden ist. „Quer“ heißt sowohl vom Alter als auch Bildungsgrad her gesehen. Darüber hinaus ist festzustellen, dass beide Geschlechter diesem Medium zuneigen. Es gibt allerdings geschlechterbedingte Unterschiede, was Spielgenre und Spielweise angeht. Frauen sind insgesamt bei den Spielern noch unterrepräsentiert, doch sie holen auf.
Die Studie „Spielplatz Deutschland“ unterscheidet fünf Spielertypen, basierend auf der bevölkerungsrepräsentativen Stichprobe in der werberelevanten Zielgruppe von 14 bis 64 Jahren:

Für die Gruppe der unter 14-jährigen zeigen JIM- und KIM-Studien des Medienpädagogischen Forschungsverbundes Südwest, dass in dieser Alterskohorte[5]

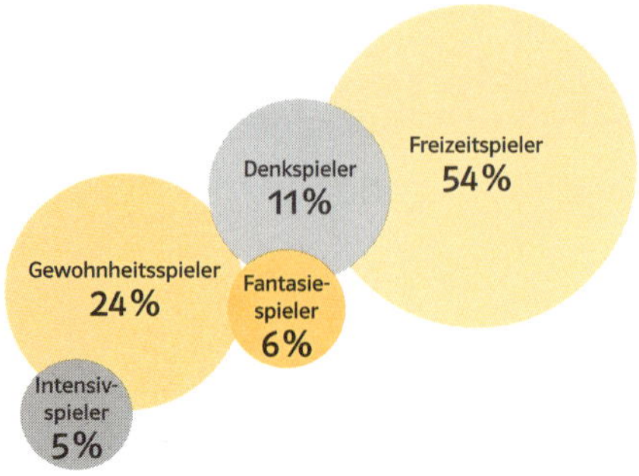

Abb. 1: Spielertypen nach der Studie „Spielplatz Deutschland“

Videospiele und tragbare Spielkonsolen schon eine große Verbreitung haben. Es reift hier eine Generation heran, die mit diesen Spielen aufgewachsen ist und durch sie „sozialisiert“ wurde. Daher ist auch davon auszugehen, dass Video- und Computerspiele in Zukunft eine noch größere Verbreitung finden. Gerade unter Kindern und Jugendlichen gehören diese Spiele inklusive der für sie benötigten Geräte zu den ganz selbstverständlichen Alltagsgegenständen, deren Verwendung nicht weiter hinterfragt wird.

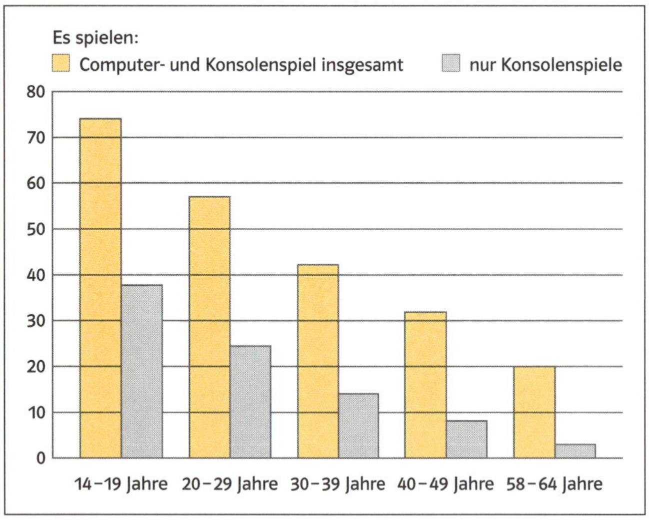

Abb. 2: Altersverteilung der Spielerinnen und Spieler

Insgesamt ist festzustellen, dass Video- und Computerspiele keine Beschäftigung für Randgruppen mehr sind. Nach der Definition von Spielern als Personen über acht Jahren, die in den vergangenen zwölf Monaten mindestens ein Spiel zur eigenen Verwendung gekauft oder als Geschenk erhalten haben und mindestens hin und wieder spielen, ergibt sich folgende Verteilung in der bundesrepublikanischen Bevölkerung: 31 Prozent Spieler, 69 Prozent Nichtspieler.

1 Streben nach Lustmomenten
2 aus früheren entwicklungsgeschichtlichen Stadien stammend
3 Einordnung in die Gesellschaft
4 Herkunft
5 Altersklasse

45 min.

Name: **Klasse:** **Datum:**

Aufgabe

An deiner Schule sind Handys verboten, was zu heftigen Diskussionen unter den Schülerinnen und Schülern geführt hat. Nun hat sich auch die Schülerzeitung des Problems angenommen und alle Schülerinnen und Schüler aufgefordert, sich in einem Leserbrief zu diesem Thema zu äußern.

Schreibe einen Leserbrief, in dem du darlegst, warum es erlaubt werden sollte, das Handy in die Schule mitzubringen.

Klassenarbeit 4 — Zu einem Leserbrief Stellung nehmen

60 min.

Name: **Klasse:** **Datum:**

Aufgabe

Nimm zum Inhalt dieses Leserbriefs Stellung und begründe deine Ansichten.

Leserbrief

Es ist in dieser Rubrik schon von vielen Eltern eine Meinung zur Reform des Gymnasiums, zum so genannten G8, geäußert worden. Ein Aspekt, auf den ich mit meinem Leserbrief hinweisen möchte, kam jedoch noch nicht zur Sprache: Die Klassenfahrten. Ich spreche das Thema deshalb an, weil es mich schon lange stört, dass Schulen oft Reisebüros ähneln. Da gibt es Fahrten ins Schullandheim, den Skikurs, eine Berlinfahrt, oft fahren Klassen nach Paris oder London usw. Abgesehen von der finanziellen Belastung für die Eltern kann es doch nicht richtig sein, wenn Schüler, die sowieso schon viele Ferien haben, auch in den Zeiten dazwischen immer wieder wegfahren anstatt zu lernen. Die Streichung des 9. Schuljahres wäre gar kein Problem, wenn es diese Fahrten nicht mehr gäbe und die Zeit in der Schule sinnvoll genützt werden würde. Das hätte zwei Vorteile: Die Schüler würden sich mehr aufs Lernen konzentrieren und könnten eher in die Berufswelt eintreten. Zudem wären die Eltern finanziell entlastet.

E. Buschbaum, Schönburghausen

Klassenarbeit 5 — Eine lineare Erörterung schreiben

Name: **Klasse:** **Datum:**

60 min.

Aufgabe

Jede Schülerin und jeder Schüler sollte über einen Internetzugang verfügen!

Finde in Form einer Erörterung begründete Argumente, die für diese Forderung sprechen.

45 min.

Klassenarbeit 6 Einen literarischen Text zusammenfassen

Name: **Klasse:** **Datum:**

Aufgabe

Fasse den Text in seinen wesentlichen Inhalten und in logisch nachvollziehbaren Schritten zusammen.

Text
Per Nilsson: Saras Brieftasche

„Anon!“ Klopf, klopf an die Tür. „Darf ich reinkommen?“

„Ja … klar …“

Anon sitzt in seinem Zimmer. Mutter steht vor seiner Tür und klopft. Inzwischen ist es recht spät geworden, fast Schlafenszeit.

„Aber die Tür ist abgeschlossen. Du hast die Tür abgeschlossen.“

„Ach ja, stimmt“, ruft Anon aus dem Zimmer. „Einen Moment.“

Mutter horcht auf die Geräusche in Anons Zimmer. Es klingt, als würde eine Schreibtischschublade geöffnet und geschlossen. Ein kurzes Rascheln. Und dann Anons Schritte zur Tür.

Er schließt auf und lässt Mutter herein.

„Warum hast du abgeschlossen?“

„Also …“, beginnt Anon.

„Ach was, das ist unwichtig. Ist doch klar, dass du hinter dir abschließen darfst.“

„Mmm.“

Schweigen. Jetzt denkt sie, dass ich in die Pubertät gekommen bin, überlegt Anon. Jetzt denkt sie, dass ich hier in meinem Zimmer Pornoheftchen lese. Und vielleicht an mir selbst rummache.

„Ich wollte bloß gute Nacht sagen“, erklärt Mutter. „Willst du nicht auch ins Bett gehen?“

Anon gähnt. „Hatte ich gerade vor.“

„Also dann, gute Nacht.“

„Gute Nacht.“

Als Anon aus dem Bad Zähneputzgeräusche hört, zieht er seine Tür vorsichtig zu und schließt sie möglichst lautlos ab. Dann kehrt er an den Schreibtisch zurück, öffnet die rechte Schreibtischschublade und kramt etwas hervor, das er dort in der hintersten Ecke versteckt hat.

Saras Brieftasche.

Saras Brieftasche, die Anon vor drei Tagen hinter der Bushaltestelle im hohen Gras gefunden hat.

Und wieder legt er die schwarze Brieftasche vor sich auf den Schreibtisch, betrachtet sie kurz, um dann den Inhalt ein weiteres Mal auszuleeren. Viel ist es nicht:

Eine Bibliothekskarte.

Zwei zerknitterte Quittungen: eine vom Musikladen um die Ecke und eine von einer Boutique.

Ein Foto von einer dicken, gelbweißen Katze.

Keine Scheckkarten und kein Geld.

Nicht eine einzige, winzig kleine Münze.

Doch, etwas steckte noch in der Brieftasche, als Anon sie fand: ein Foto. Das Automatenfoto von einem Typ, der so achtzehn oder zwanzig Jahre alt sein mochte. Weil Anon fand, dass der Typ wie ein Gangster aussah, zerriss er das Foto in tausend kleine Schnipsel, die er im Klo runterspülte.

Vielleicht war der Typ auf dem Foto Saras älterer Bruder. Anon hat Sara noch nie gesehen, aber er weiß trotzdem genau, wie sie aussieht. Irgendwie wär's echt komisch, wenn so ein süßes kleines Ding wie Sara einen so total scheußlichen Bruder hätte.

Anon sitzt an seinem Schreibtisch und starrt eine Bibliothekskarte an.

Dank der Bibliothekskarte weiß Anon, dass die Brieftasche Sara gehört. Und dass Sara mit Nachnamen Enoksson heißt, in Östra Storgatan 14 wohnt und die Telefonnummer 445637 hat.

Anon könnte Sara anrufen und ihr sagen, dass er ihre Brieftasche gefunden hat. Aber er hat eine viel bessere Idee. Er wird Sara persönlich besuchen und ihr die Brieftasche überreichen.

Allerdings nicht sofort, zuerst muss er sich nämlich vorbereiten. Heute ist er zum Beispiel schon in Östra Storgatan gewesen, um sich zu vergewissern, welches Haus Nummer 14 ist. Für morgen hat er sich vorgenommen, in das Haus reinzugehen und festzustellen, in welchem Stockwerk Sara wohnt.

Dann, irgendwann, wird er mit der Brieftasche in der Hand hingehen und an Saras Tür läuten.

Und das wird dann so:

Sara öffnet die Tür, und als sie sieht, was ich in der Hand halte, freut sie sich riesig. „Oh, vielen Dank!", sagt sie, und wenn sie lacht, sieht sie einfach unheimlich süß aus und ihre geraden Stirnfransen hängen ihr fast in ihre funkelnden Augen und sie guckt mich neugierig, leicht fragend an und ihre Mutter bittet mich herein und tischt Saft und frisch gebackene Rosinenschnecken auf und Sara und ich sitzen einander gegenüber am Küchentisch und essen weiche, warme Rosinenschnecken und unterhalten uns vorsichtig über nichts Besonderes und Saras Augen lächeln mild und lieb und genau dann läutet das Telefon und Saras Mutter geht hin und da beugt Sara sich zu mir vor und sagt: „Weißt du was?" „Nein", sage ich. Da sagt sie, dass sie heute Nacht von mir geträumt hat, und dann sage ich, dass ich jede Nacht von ihr träume, seit ich die Brieftasche in dem hohen Gras gefunden habe. Sie sieht mir in die Augen, irgendwie fragend, mit einem neugierigen Lächeln. Und bevor Saras Mutter zurückkommt, haben Sara und ich verabredet, dass wir uns am nächsten Tag nach der Schule treffen und irgendwas gemeinsam unternehmen. Und am übernächsten Tag auch und am überübernächsten.

Genau so wird das sein, denkt Anon.

Anon drückt einen kurzen, leichten Kuss auf Sara Enokssons Bibliothekskarte, bevor er sie wieder in die Brieftasche zurücksteckt.

Diese Brieftasche hat Sara in ihrer hinteren Hosentasche gehabt, sie hat sie ganz nah an sich getragen, denkt Anon und hält die Brieftasche ein Weilchen an seine Wange.

Die Brieftasche riecht nach Erde und Leder.

Bevor Anon einschläft, denkt er wieder an Sara und daran, wie es werden wird, wenn er sie trifft.

Klassenarbeit 7 — Eine literarische Person charakterisieren

60 min.

Name: **Klasse:** **Datum:**

Aufgabe

Lies den kurzen Prosatext und charakterisiere die Figur des Achim. Beziehe auch sein Verhalten und Handeln in deine Deutung mit ein.

Margret Steenfatt: Im Spiegel

„Du kannst nichts“, sagten sie, „du machst nichts“, „aus dir wird nichts.“

Nichts. Nichts. Nichts.

Was war das für ein NICHTS, von dem sie redeten und vor dem sie offensichtlich Angst hatten, fragte sich Achim, unter Decken und Kissen vergraben.

Mit lautem Knall schlug die Tür hinter ihnen zu.

Achim schob sich halb aus dem Bett. Fünf nach eins. Wieder mal zu spät. Er starrte gegen die Zimmerdecke. – Weiß. Nichts. Ein unbeschriebenes Blatt Papier, ein ungemaltes Bild, eine tonlose Melodie, ein ungesagtes Wort, ungelebtes Leben.

Eine halbe Körperdrehung nach rechts, ein Fingerdruck auf den Einschaltknopf seiner Anlage. Manchmal brachte Musik ihn hoch.

Er robbte zur Wand, zu dem großen Spiegel, der beim Fenster aufgestellt war, kniete sich davor und betrachtete sich: lang, knochig, graue Augen im blassen Gesicht, hellbraune Haare, glanzlos. ‚Dead Kennedys’ sangen: „Weil sie dich verplant haben, kannst du nichts anderes tun als aussteigen und nachdenken.“

Achim wandte sich ab, erhob sich, ging zum Fenster und schaute hinaus. Straßen, Häuser, Läden, Autos, Passanten, immer dasselbe. Zurück zum Spiegel, näher heran, so nahe, dass er glaubte, das Glas zwischen sich und seinem Spiegelbild durchdringen zu können. Er legte seine Handflächen gegen sein Gesicht im Spiegel, ließ seine Finger sanft über Wangen, Augen, Stirn und Schläfen kreisen, streichelte, fühlte nichts als Glätte und Kälte.

Ihm fiel ein, dass in dem Holzkasten, wo er seinen Kram aufbewahrte, noch Schminke herumliegen musste. Er fasste unters Bett, wühlte in den Sachen im Kasten herum und zog die Pappschachtel heraus, in der sich einige zerdrückte Tuben fanden. Von der schwarzen Farbe war noch ein Rest vorhanden. Achim baute sich vor dem Spiegel auf und malte zwei dicke Striche auf das Glas, genau dahin, wo sich seine Augenbrauen im Spiegel zeigten. Weiß besaß er reichlich. Er drückte eine Tube aus, fing die weiche ölige Masse in seinen Händen auf, verteilte sie auf dem Spiegel über Kinn, Wangen und Nase und begann sie langsam und sorgfältig zu verstreichen. Dabei durfte er sich nicht bewegen, sonst verschob sich seine Malerei. Schwarz und Weiß sehen gut aus, dachte er, fehlt noch Blau. Achim grinste seinem Bild zu, holte sich das Blau aus dem Kasten und färbte noch die Spiegelstellen über Stirn und Augenlidern.

Eine Weile verharrte er vor dem bunten Gesicht, dann rückte er ein Stück zur Seite, und wie ein Spuk tauchte sein farbloses Gesicht im Spiegel wieder auf, daneben eine aufgemalte Spiegelmaske.
Er trat einen Schritt zurück, holte mit dem Arm weit aus und ließ seine Faust in die Spiegelscheibe krachen. Glasteile fielen herunter, Splitter verletzten ihn, seine Hand fing an zu bluten. Warm rann ihm das Blut über den Arm und tröpfelte zu Boden. Achim legte seinen Mund auf die Wunden und leckte das Blut ab. Dabei wurde sein Gesicht rotverschmiert.
Der Spiegel war kaputt. Achim suchte sein Zeug zusammen und kleidete sich an. Er wollte runtergehen und irgendwo seine Leute treffen.

Klassenarbeit 8 **Kreativ schreiben: Ein Parallelgedicht verfassen**

45 min.

Name: **Klasse:** **Datum:**

Aufgabe

Untersuche Aufbau und Sprache des Gedichts „Schwüle" von C. F. Meyer. Schreibe anschließend zu dem vorliegenden Gedicht ein Parallelgedicht.

Conrad Ferdinand Meyer: Schwüle (1882)

Trüb verglomm der schwüle Sommertag,
Dumpf und traurig tönt mein Ruderschlag –
Sterne, Sterne – Abend ist es ja –
Sterne, warum seid ihr noch nicht da?

Bleich das Leben! Bleich der Felsenhang!
Schilf, was flüsterst du so frech und bang?
Fern der Himmel und die Tiefe nah –
Sterne, warum seid ihr noch nicht da?

Eine liebe, liebe Stimme ruft
Mich beständig aus der Wassergruft –
Weg, Gespenst, das oft ich winken sah!
Sterne, Sterne, seid ihr nicht mehr da?

Endlich, endlich durch das Dunkel bricht –
Es war Zeit! – ein schwaches Flimmerlicht –
Denn ich wusste nicht wie mir geschah.
Sterne, Sterne, bleibt mir immer nah!

Klassenarbeit 9 **Textproduktion: Einen Tagebucheintrag verfassen**

45 min.

Name: **Klasse:** **Datum:**

Nicole Meister: Wir reden morgen weiter darüber

Es war eigentlich ein friedlicher Abend gewesen. Ich saß bei meiner Mutter im Arbeitszimmer und las. Ich mochte es, in ihrer Gesellschaft zu sein. Auch wenn sie mich kaum zur Kenntnis nahm. Seit meinem letzten Streit mit meinem Vater war eine knappe Woche vergangen. Wir gingen uns wie üblich aus dem Weg.

Nach einer Weile kam er ins Zimmer und brachte meiner Mutter einen Kaffee. Ich streichelte gerade die schwarze Terry und sie schnurrte begeistert. Der Blick meines Vaters streifte mich flüchtig und er sagte: „Komm mal mit, Moon.“

Ich fragte warum und er sagte, das würde ich schon sehen. Mit einem unguten Gefühl im Magen stand ich auf und folgte ihm ins Wohnzimmer.

„Setz dich“, sagte er und zog unter den Zeitungen einen Zettel hervor. „Weißt du, was das ist?“ Ich schüttelte den Kopf.

„Das ist ein blauer Brief. Genauer gesagt, das ist dein blauer Brief.“ Verflucht, dachte ich, wieso kommen die heute schon? Ich schwieg. (...) „Du bist in Mathe, Chemie und Physik vorgewarnt.“

Ich dachte an die Ferien, die nicht mehr in allzu weiter Ferne lagen, und ich dachte an Florians Party, die in zwei Wochen stattfinden sollte. Ich dachte, ich könnte beides vergessen. Mir wurde übel.

„Aha“, sagte ich heiser.

„Ich bin sehr enttäuscht, Moon.“

„Es tut mir Leid“, sagte ich und es kam mir albern vor. Es war doch meine Versetzung, die in Gefahr war. Ich hätte traurig und enttäuscht sein müssen. Nicht er. Aber ich hatte nur Angst.

„Meinst du, du packst das noch?“

„Ich glaube es.“

„Junge, ich will dich doch nicht in die Hauptschule geben.“

Das saß. Das kränkte mich mehr als irgendetwas sonst.

„Ich bin nicht dumm“, sagte ich.

„Meinst du, in der Hauptschule sitzen nur Dummköpfe? Du hast furchtbare Vorurteile. Da gibt es auch intelligente Kinder. Die sind nur faul.“

„Und ich?“

„Faul bist du sowieso.“

Sichtlich hielt er mich für dumm. Aber das war eigentlich nichts Neues.

„Ich habe mir etwas überlegt. Ich bin mir zwar noch nicht sicher, weil es mir schwer fallen würde. Aber vielleicht wäre es tatsächlich das Beste, du kämst in ein Internat.“

„Nein“, sagte ich und fuhr auf. „Nein, wenn du das tust, bring ich dich um.“ Das klang kindisch und übertrieben. Aber in dieser Sekunde dachte ich, es sei ohnehin egal, was ich sagte. Es musste nur etwas Hartes sein.

„Ich haue ab. Ich lasse mich nicht abschieben. Ihr hättet mich gar nicht erst bekommen sollen. Dann hätte ich nun nicht unter euch zu leiden.“

„Moon“, sagte mein Vater beinahe besänftigend. „Es war nur ein Vorschlag. Werde nicht gleich hysterisch.“

„Ich bin nicht so blöd, wie du denkst“, fauchte ich ihn an. „Ich bin überhaupt nicht blöd.“

Er stand auf, ging zu mir und fasste mich an der Schulter. Ich schlug seine Hand weg. In dieser Minute dachte ich, dass ich ihn hasste.

„Moon“, sagte er erneut.

„Lass mich in Ruhe“, schrie ich und spürte, wie ich anfing zu heulen. Dafür hasste ich nun mich. Mein Vater stand da. Hilflos bis ins Letzte. (...) Meine Mutter kam ins Wohnzimmer und fragte, ob wir verrückt seien.

„Hau ab“, schrie ich nun sie an. „Mach, dass du wegkommst. Ich interessiere dich doch ohnehin nicht.“

„Was ist los mit ihm, Daniel?“, fragte sie meinen Vater, und der zuckte nur mit den Achseln.

„Moon, vergiss, was ich gesagt habe“, meinte er.

„Was hast du gesagt? Warum weint der Kleine?“

Ich nahm mir die struppige Valentine, um bei ihr Trost zu suchen. Sie wollte aber nicht und biss mich. Darauf heulte ich noch verrückter. Meine Eltern beobachteten mich fasziniert.

„Ich habe ihm gesagt, ich würde mir überlegen, ob er ins Internat käme“, sagte mein Vater zögernd.

„Das ist doch Unsinn“, sagte sie.

„Bei seinen Noten finde ich das gar nicht so unsinnig.“

„Aber ich finde es unsinnig, Daniel“, sagte meine Mutter. (...)

„Moon“, sagte mein Vater. „Moon, hör auf zu heulen.“

„Klar“, sagte ich. „Wenn du das sagst, sofort.“

„Moon“, bat meine Mutter.

Ich saß zusammengekauert auf dem Sofa und heulte immer noch.

„Wir reden morgen weiter darüber“, meinte mein Vater.

„Worüber?“, fragte Ma.

„Über den blauen Brief.“

„Wenn du etwas zu sagen hast, dann sage es jetzt“, verlangte ich.

„Du wirst arbeiten“, sagte er. „Du wirst viel arbeiten. Und du wirst die Klasse nicht wiederholen. Das ist das Mindeste, was ich von dir verlangen kann.“

„Und wenn ich kleben bleibe?“

„Dann kannst du deinen Urlaub vergessen.“ Ich nickte nur.

„Und nun geh auf dein Zimmer.“

Ich stand auf, drückte mich an ihnen vorbei und ging die Treppen hoch. Ich fühlte mich elend und dachte, der glaubt doch selber nicht, dass er mich mag.

Aufgabe

Oben auf seinem Zimmer lassen Moon die Gedanken an das Gespräch mit den Eltern nicht los. Um seine Gedanken zu sortieren, setzt er sich an seinen Schreibtisch und beginnt, in sein Tagebuch zu schreiben.
Versetze dich in die Situation von Moon und schreibe diesen Tagebucheintrag für ihn.

Klassenarbeit 10 — Eine Kurzgeschichte untersuchen

60 min.

Name: **Klasse:** **Datum:**

Aufgabe

Untersuche die Kurzgeschichte „Schlittenfahren" von Helga M. Novak.
Beziehe Überlegungen zu Inhalt, Form und Sprache mit ein.

Helga M. Novak: Schlittenfahren

Das Eigenheim steht in einem Garten. Der Garten ist groß. Durch den Garten fließt ein Bach. Im Garten stehen zwei Kinder. Das eine der Kinder kann noch nicht sprechen. Das andere Kind ist größer. Sie sitzen auf einem Schlitten.

Das kleinere Kind weint. Das größere sagt, gib den Schlitten her. Das kleinere weint. Es schreit.

Aus dem Haus tritt ein Mann. Er sagt, wer brüllt, kommt rein. Er geht in das Haus zurück. Die Tür fällt hinter ihm zu.

Das kleinere Kind schreit.

Der Mann erscheint wieder in der Haustür. Er sagt, komm rein. Na wird's bald. Du kommst rein. Nix. Wer brüllt, kommt rein. Komm rein.

Der Mann geht hinein. Die Tür klappt.

Das kleinere Kind hält die Schnur des Schlittens fest. Es schluchzt.

Der Mann öffnet die Haustür. Er sagt, du darfst Schlitten fahren, aber nicht brüllen. Wer brüllt, kommt rein. Ja. Ja. Jaaa. Schluss jetzt.

Das größere Kind sagt, Andreas will immer allein fahren.

Der Mann sagt, wer brüllt, kommt rein. Ob er nun Andreas heißt oder sonstwie. Er macht die Tür zu.

Das größere Kind nimmt dem kleineren den Schlitten weg. Das kleinere Kind schluchzt, quietscht, jault, quengelt.

Der Mann tritt aus dem Haus. Das größere Kind gibt dem kleineren den Schlitten zurück. Das kleinere Kind setzt sich auf den Schlitten. Es rodelt.

Der Mann sieht in den Himmel. Der Himmel ist blau. Die Sonne ist groß und rot. Es ist kalt.

Der Mann pfeift laut. Er geht wieder ins Haus zurück. Er macht die Tür hinter sich zu.

Das größere Kind ruft, Vati, Vati, Vati, Andreas gibt den Schlitten nicht mehr her.

Die Haustür geht auf. Der Mann steckt den Kopf heraus. Er sagt, wer brüllt, kommt rein. Die Tür geht zu.

Das größere Kind ruft, Vati, Vativativati, Vaaatiii, jetzt ist Andreas in den Bach gefallen.

Die Haustür öffnet sich einen Spalt breit. Eine Männerstimme ruft, wie oft soll ich das noch sagen, wer brüllt, kommt rein.

45 min.

Name: Klasse: Datum:

Teil 1: Texte lesen und verstehen

Aufgabe 1

Lies den folgenden Text genau durch (10 Minuten).

Stefanie Wilhelm: Bangladesch: Eine etwas andere Schule

Zufrieden zeigt Poritosh seinem Freund Subraoto das Ergebnis. Den Lösungsweg zu der kniffeligen Matheaufgabe haben die beiden Fünfzehnjährigen selbst herausgefunden. „Gut gemacht!“ lobt Lehrer Rongon Roy die Jungen. Nur wenn seine Schüler eine Frage haben oder mit einer Aufgabe nicht weiterkommen, mischt er sich ein. Ansonsten haben in der METI-Schule in Bangladesch die Kinder das Wort. Gemeinsam diskutieren sie die Themen im Unterricht und helfen sich gegenseitig beim Lösen der Aufgaben.

Auf der Dorfschule, die Poritosh und Subraoto früher besucht haben, war das ganz anders. Dort hatten die beiden sogar Angst, in die Schule zu gehen. „Ständig erhielten wir Schläge“, erzählt Subraoto. „Wenn wir schwatzten. Wenn wir die Hausaufgaben vergessen hatten oder eine Aufgabe nicht auf Anhieb verstanden. Die Lehrer halfen uns nicht, sie schimpften nur.“ Seit sie auf die METI-Schule gewechselt haben, freuen sich Poritosh und Subraoto auf den Unterricht. Mathematik mögen sie besonders gerne. „Ich möchte später Ingenieur werden. Oder Computertechniker“, sagt Poritosh. Sein Lehrer Rongon Roy glaubt, dass er das schaffen wird: „Mathematik und logisches Denken, das liegt dir!“, sagt er zu Poritosh.

In der METI-Schule unterstützen die Lehrer ihre Schüler. Sie finden, dass die Jungen und Mädchen viel mehr lernen, wenn sie sich dabei wohlfühlen. Schulbänke kann man hier deshalb lange suchen – viel zu unbequem! Zum Unterricht machen es sich Schüler wie Lehrer lieber auf Bastmatten gemütlich. Unter der Decke hängen bunte Tücher, und die Bambusstäbe vor den Fenstern werfen hübsche Schattenmuster auf den Boden. Doch das allerbeste: Zwischen den Klassenzimmern gibt es Höhlen, in die sich die Schüler zum Lesen oder zum Arbeiten in kleinen Gruppen zurückziehen können. Sie müssen einfach nur durch die Schlupflöcher in der Wand klettern. Im ersten Stock ist draußen vor dem Klassenzimmer ein Hochsitz aus Bambus angebracht. Von hier aus hat man einen herrlichen Ausblick auf den See, auf die vielen verschiedenen Bäume und auf das Dorf Rudrapur.

Hier im Norden von Bangladesch leben die meisten Menschen vom Ertrag ihrer Reisfelder. Manche bauen auch Mais oder Jute an. Poritoshs Vater hat einen kleinen Laden. Dort verkauft er Tee und frittierte Gemüsekugeln, die Poritoshs Mutter zubereitet. Wie fast alle Erwachsenen im Ort haben Poritoshs Eltern keinen Schulabschluss. Zwar haben sie ein paar Jahre lang die Dorfschule besucht, doch das hat wenig gebracht: Der Unterricht war so schlecht, dass keines der Dorfschulkinder die Aufgaben für die Abschlussprüfung lösen konnte.

Auch Poritosh und Subraoto müssen bald zur Prüfung. Die findet an einer staatlichen Schule statt, gemeinsam mit Schülern von anderen Schulen. Angst vor den Aufgaben haben die beiden nicht. „Wir sind bestens vorbereitet“, sagt Subraoto. Stimmt: In den letzten Jahren haben die METI-Schüler sogar von allen Schulen am besten abgeschnitten. „Die Frage ist nicht, ob wir bestehen, sondern wie gut!“, lacht Poritosh und schaut kurz von seinem Mathebuch auf. Dann macht er sich an die Lösung der nächsten kniffeligen Aufgabe.

Aufgabe 2

5 P. ●●●●● Meine Punkte ______

Dieser Sachtext ist in fünf Abschnitte gegliedert. Fasse jeden Textabschnitt jeweils in einem Satz zusammen.

Abschnitt 1:

______

______

Abschnitt 2:

______

______

Abschnitt 3:

______

______

Abschnitt 4:

______

______

Abschnitt 5:

______

______

Aufgabe 3

5 P. ●●●●● Meine Punkte

Erstelle auf der Grundlage deiner Ergebnisse eine kurze Textzusammenfassung.

Teil 2: Sprachkompetenz

Aufgabe 4

4 P. ●●●● Meine Punkte

Der folgende Text enthält vier Ausdrucksfehler.
Markiere und verbessere sie!

In Deutschland gibt es seit Anfang des 19. Jahrhunderts die allgemeine Schulpflicht; sie wurde zuerst 1807 in Preußen erfunden.
Das Ziel war, den Staatsbürgern wichtige Grundfertigkeiten zu vermitteln, z. B. Lesen und Schreiben. Das war nötig, um die Bürger am Fortschritt teilhaben zu lassen und aus ihnen sinnvolle Arbeiter, die dann auch in Industriebetrieben eingesetzt wurden, zu machen.
Heute ist es unglaublich, dass ein Kind nicht zur Schule geht und ein Erwachsener sich Texte vorlesen lassen muss, weil er selbst nie Lesen beigebracht hat.

Aufgabe 5

3 P.
●●●
Meine Punkte
____

Finde ein Antonym für den jeweils unterstrichenen Begriff.

a) Die wenigsten Schulen in Deutschland sind staatliche Schulen.

____

b) Ganztagschulen sind eher häufig anzutreffen. ______________________________

c) Der Rückstand ist kaum noch aufzuholen. ______________________________

Aufgabe 6

5 P.
●●●●●
Meine Punkte
____

Setze im folgenden Text die fünf fehlenden Kommas an die richtige Stelle.

Im antiken Athen begann der schulische Alltag für Kinder mit etwa sechs Jahren – allerdings nur für die Jungen die Mädchen wurden zu Hause in den alltäglichen Dingen unterrichtet. Doch auch der Schulunterricht war nicht akademisch-abstrakt; ganz im Gegenteil: Im Mittelpunkt der Erziehung stand der Sport. Die Knaben sollten tüchtige Kämpfer werden keine Gefahr oder Anstrengung scheuen aber dabei auch den Intellekt ausbilden. Sie mussten lesen schreiben und weite Teile aus den homerischen Epen auswendig lernen. Homer gilt heute als Erzieher der griechischen Jugend in der Antike und wirklich dienten seine Werke dazu den Charakter der Heranwachsenden zu bilden und ihr Wertebewusstsein in die gewünschte Richtung zu lenken. Eine wichtige Rolle spielte auch die musische Bildung: Deshalb mussten die Schüler auch das Spiel auf der Leier und Flöte erlernen.

Teil 3: Grammatik

Aufgabe 7

3 P.

Meine Punkte

Wandle die vorgegebenen Sätze vom Aktiv ins Passiv bzw. vom Passiv ins Aktiv um. Lasse dabei nichts weg und behalte das vorgegebene Tempus bei.

a) In der METI-Schule unterstützen die Lehrer ihre Schüler.

____

b) Gemeinsam diskutieren die Schüler die Themen im Unterricht.

____

c) An traditionellen Schulen wird den Schülern von den Lehrer nicht geholfen.

____

Aufgabe 8

3 P.

Meine Punkte

Forme die folgenden Sätze in die indirekte Rede um.

a) „Gut gemacht!", lobt Lehrer Rongon Roy die Jungen.

____

b) „Die Frage ist nicht, ob wir bestehen, sondern wie gut!", meint Poritosh.

____

c) „Ich möchte später Ingenieur werden", sagt Poritosh.

____

Aufgabe 9

3 P. ●●● Meine Punkte ____

Wandle die folgende Sätze in den Konjunktiv II um.

a) Subraoto erzählt: „Die Lehrer halfen uns nicht, sie schimpften uns nur."

____

b) „Wir sind bestens vorbereitet", sagt Subraoto.

____

c) „Ständig erhielten wir Schläge", erzählt Subraoto.

____

Aufgabe 10

3 P. ●●● Meine Punkte ____

Unterstreiche in den folgenden Sätzen die Modalverben.

a) In vielen Schulen in Bangladesh werden Kinder geschlagen, wenn sie etwas nicht verstanden haben.

b) In der METI-Schule dürfen sie fragen.

c) Wenn sie dort etwas lernen wollen, finden sie günstige Voraussetzungen vor.

d) Die Klassenzimmer sind ansprechend gestaltet, die Schüler können sich auch in Höhlen zurückziehen.

e) Es gibt auch einen Hochsitz aus Bambus.

Gesamt 34 P.

Ich habe ____ Punkte

60 min.

Name: **Klasse:** **Datum:**

Teil 1: Texte lesen und verstehen

Aufgabe 1

Lies den folgenden Text genau durch (10 Minuten).

Nicholas Brautlecht: Invasion auf dem Mond

Es war irgendwann Mitte der Vierzigerjahre: Die Erde war vermessen, die Grenzen waren gerade wieder neu gesteckt und die Entdecker fingen an, sich zu langweilen. Es wurde Zeit, Jules Vernes Roman gewordene Idee einer Reise von der Erde zum Mond wieder aufzugreifen, *Sciencefiction* aus dem 19. Jahrhundert wissenschaftliche Wirklichkeit werden zu lassen. Im Juli 1969 war es dann endlich so weit, der erste Mensch spazierte auf dem Mond herum und die auf der Erde Zurückgebliebenen sahen auf allen verfügbaren Fernsehgeräten zu. Die nächtlichen Blicke zum Mond waren plötzlich ein wenig entzaubert (...) und in den Köpfen der Reiseveranstalter keimte bald schon die Idee außerirdischer Traumreisen.

Eine Hotel-Kette will nun im 21. Jahrhundert diese Mondfahrerträume in die Tat umsetzen und beabsichtigt, das erste Hotel auf dem Mond zu bauen. „Es wird sicherlich nicht morgen passieren", sagt Sprecherin Jeannie Datz, „aber wir rechnen mit einer Realisierung in 15 bis 20 Jahren – wenn alles klappt." Die Architekten, die beauftragt wurden, Pläne für ein „Lunar-Hotel" zu entwickeln, haben ihre ersten Entwürfe abgeschlossen. Das Modell ist größer als der Millenium-Dome in London, hat eine gigantische Rotunde mit 5000 Luxuszimmern und zentralem Freizeitpark. Natürliche Ressourcen wie Wasser und Sauerstoff versucht man aus Eisvorkommen zu gewinnen, die vor kurzem in Mondkratern entdeckt wurden. Die Nachttischlampen brennen mithilfe tausender Solarzellen.

Und die Hotel-Kette ist nicht allein mit ihren Plänen, die Grenzen des Tourismus neu zu definieren. Eine in den USA ansässige Stiftung bietet der Firma, die das erste privat entwickelte Weltraummobil baut, zehn Millionen Dollar. Das wieder verwendbare Fahrzeug soll die Passagiere zu einer suborbitalen Flughöhe von 100 Kilometern in den Weltraum transportieren, sicher wieder auf der Erde aufsetzen und binnen zweier Wochen erneut ins All starten. Die Organisatoren des Wettbewerbs erwarten einen Gewinner bis zum Jahre 2001. 18 Firmen in den USA versuchen nun den Wunsch von 60 Prozent der Amerikaner und 43 Prozent der Deutschen zu erfüllen, die laut einer NASA-Umfrage gern Urlaub im Weltall machen würden, und entwickeln Ideen für ein Weltraumvehikel.

Ein neues Wettrüsten für das Weltall hat begonnen und drei Reiseveranstalter in den USA und in Großbritannien haben bereits mehr als 350 Flugtickets zu je 98000 Dollar an vermögende Abenteurer verkauft. Der Katalog einer der Reiseveranstalter verspricht den Abflug ins Weltall im Jahr 2002. Der ungeduldige deutsche Mondanbeter kann sich mit vorbereitender Literatur befassen, die den Buchmarkt um einen Mondreiseführer bereichert hat. (...)

Bis dato sind die Pläne, ein Hotel auf dem Mond zu bauen, einzigartig. Aber ist das Lunar-Hotel ein Konzept, das sich in den kommenden 15 bis 20 Jahren realisieren lässt? Der (...) Professor für Aeronautik David Peake ist skeptisch. Die Technologie für das Lunar-Projekt existiere zwar, sei aber völlig unwirtschaftlich, da immer noch viel zu teuer. „Jedes Mal, wenn ein Raumschiff in den Himmel steigt, kostet das viele hundert Millionen Dollar“, sagt Peake. Momentan gibt die Regierung der USA ungefähr 400.000 Dollar für jeden Flug ins Weltall aus. „Wenn wir es nicht schaffen, die Kosten effektiv zu senken“, sagt er, „sehe ich kein Potenzial für Massentransporte ins All.“ Er hält es für denkbar, dass eines Tages reiche Abenteurer im Weltall herumschwirren, aber bestimmt nicht in den nächsten 100 Jahren.“ (...)

Die führenden Köpfe des Lunar-Projekts haben längst einen Freizeitplan für ihre Gäste ausgearbeitet, denn die Mondlandschaft ist nicht unbedingt abwechslungsreich. Neben romantischen, schwerelosen Weltraumspaziergängen können die Mondsüchtigen sich in Arbeitsprojekten verwirklichen, etwa bei galaktischer Gartenarbeit, oder aber sie spannen sich in der Strand- und Schwimmbad-Arena aus. (...)

Nur das Problem mit dem Essen wurde noch nicht zufrieden stellend gelöst. „Was werden wir denn da oben servieren? Luft oder Pillen?“, fragt Mahmoud Allal, Kellner in einem irdischen Hotel in London. (...) „Ich werde doch keine *fish and chips* auftragen“, sagt er. Doch sicherlich findet sich irgendwo ein Kellner, der bereit ist, All-taugliche Nahrung, vielleicht sogar Pizza, zu servieren. (...) Wenn eines Tages auf dem Mond Pizza gegessen wird, dann könnte das Pauschalurlaub sein.

Aufgabe 2

6 P.

Meine Punkte

Dieser Zeitungstext ist in verschiedene Abschnitte gegliedert. Unten findest du zu den Textabschnitten 2–7 jeweils drei Überschriften. Nur eine davon passt genau zum Inhalt des entsprechenden Abschnitts. Kreuze jeweils diese eine passende Überschrift an.

2. Abschnitt (Z. 11–21)	**3. Abschnitt (Z. 22–32)**	**4. Abschnitt (Z. 33–38)**
○ Eine Hotelkette will ein Hotel auf dem Mond bauen.	○ 18 Firmen haben ein wiederverwendbares Weltraummobil entwickelt.	○ 2002 flogen die ersten Touristen ins All.
○ In 15 Jahren wird es ein Hotel auf dem Mond geben.	○ Für 10 Millionen Dollar wurde ein wiederverwendbares Weltraummobil entwickelt.	○ Die Flugtickets kosten 98 000 Dollar.
○ Der Millenium-Dome wird in 15 bis 20 Jahren fertig sein.	○ Ein wiederverwendbares Weltraummobil soll entwickelt werden.	○ Die Flugtickets kosten 980 000 Dollar.
5. Abschnitt (Z. 39–49)	**6. Abschnitt (Z. 50–55)**	**7. Abschnitt (Z. 56–62)**
○ Professor David Peake hält das Projekt für niemals finanzierbar.	○ Für die Gäste existiert ein Freizeitplan.	○ Sobald es auf dem Mond-Hotel Pizza gibt, werden die Touristen kommen.
○ Professor David Peake hält das Projekt für derzeit nicht finanzierbar.	○ Die Gäste können im All entspannen.	○ Der Kellner Mahmoud Allal will nicht in dem Mond-Hotel arbeiten.
○ Professor David Peake hält das Projekt für überteuert.	○ Das Hotel wird über ein Schwimmbad verfügen.	○ Die Versorgung der Touristen bereitet noch Probleme.

Aufgabe 3

2 P.
●●
Meine Punkte ______

Lies dir den Inhalt des ersten Abschnitts (Z. 1–10) noch einmal genau durch.
Fasse dann den Inhalt des Abschnitts in ein bis zwei Sätzen zusammen.

____

____

____

____

____

Aufgabe 4

1 P.
●
Meine Punkte ______

Der Text macht deutlich, welche Einstellung der Verfasser des Textes gegenüber Reisen zum Mond hat. Kreuze an, welche Aussage richtig ist:

◯ Der Verfasser ist begeistert von der Idee, zum Mond zu fliegen.	◯ Der Verfasser denkt, dass es die Reisen zum Mond nie geben wird.
◯ Der Verfasser hält es für wünschenswert, dass Touristen zum Mond fliegen.	◯ Der Verfasser hält Reisen zum Mond derzeit für unrealistisch.
◯ Der Verfasser wirbt für den Tourismus zum Mond.	◯ Der Verfasser möchte die Menschen vor dem Weltraumtourismus warnen.

Aufgabe 5

2 P.
●●
Meine Punkte ______

Überlege, welche Absicht der Text hat und für wen er geschrieben ist.
Formuliere deine Antwort in eigenen Worten.

____

____

____

____

____

Teil 2: Sprachkompetenz

Aufgabe 6

4 P. ●●●● Meine Punkte ______

Der folgende Text enthält vier Ausdrucksfehler. Markiere und verbessere sie.

In den 50er- und 60er-Jahren des 20. Jahrhunderts unternahmen die USA und die UdSSR einen Wettlauf zum Mond, der darin gipfelte, dass der Amerikaner Neil Armstrong am 21. Juli 1969 als erster Mensch den Mond bestieg.
Wegen der abnormen Kosten stellten aber die USA das bemannte Mondprogramm 1972 ein. Doch die Rückkehr zum Mond und die Errichtung einer ständigen Mondbasis kamen immer wieder zu Wort. Seit Ende 2006 verfolgt die US-Weltraumbehörde NASA auf Geheiß von Präsident George W. Bush wieder korrekte Pläne für eine Mondmission. Ab 2024 soll es auf dem Mond dann eine stetig bemannte Basis geben.

______
______
______
______
______
______
______
______

Aufgabe 7

4 P. ●●●● Meine Punkte ______

Ersetze in jedem Satz das unterstrichene Wort durch einen Begriff aus dem Deutschen. Dabei darfst du aber den Sinn des Satzes nicht verändern.

a) Natürliche <u>Ressourcen</u> wie Wasser und Sauerstoff versucht man aus Eisvorkommen zu gewinnen.

______

b) Bis <u>dato</u> sind die Pläne, ein Hotel auf dem Mond zu bauen, einzigartig.

______

c) „Wenn wir es nicht schaffen, die Kosten <u>effektiv</u> zu senken (…) sehe ich kein <u>Potenzial</u> für Massentransporte ins All."

______

Aufgabe 8

5 P.

Meine Punkte

Kreuze an, ob die Kommas in den folgenden Sätzen richtig gesetzt sind oder nicht.

2. Abschnitt (Z. 11 – 21)	richtig	falsch
a) Am 16. Juli 1969 fliegt nach zehn bemannten, und unbemannten Testflügen erneut eine *Saturn* V-Rakete in Richtung Mond.	○	○
b) An Bord befinden sich die Astronauten Neil Armstrong, Michael Collins und Edwin Aldrin.	○	○
c) Nach einem viertägigem Flug erreicht das Apolloraumschiff wie geplant den Mond, und umkreist ihn.	○	○
d) Zwei Stunden nach der Landung, klettert Neil Armstrong im Raumanzug die Leiter der Mondlandefähre hinunter.	○	○
e) Er sagt: „Das ist ein kleiner Schritt für den Menschen, aber ein riesiger Sprung für die Menschheit."	○	○

Teil 3: Grammatik

Aufgabe 9

7 P.

Meine Punkte

Bestimme bei den unterstrichenen Wörtern im folgenden Satz die jeweilige Wortart. Verwende dazu Fachbegriffe.

In den 50er- und 60er-Jahren des 20. Jahrhunderts unternahmen die USA und die UdSSR einen Wettlauf zum Mond, der darin gipfelte, dass der Amerikaner Neil Armstrong am 21. Juli 1969 als erster Mensch den Mond betrat.

in: ______________________________

unternahmen: ______________________________

einen: ______________________________

Wettlauf: ______________________________

der: ______________________________

darin: ______________________________

erster: ______________________________

Aufgabe 10

Lies den folgenden Auszug aus dem Artikel von Nicholas Brautlecht noch einmal und vervollständige die unten stehenden Sätze so, dass sie in indirekter Rede stehen.

Und die Hotel-Kette ist nicht allein mit ihren Plänen, die Grenzen des Tourismus neu zu definieren. Eine in den USA ansässige Stiftung bietet der Firma, die das erste privat entwickelte Weltraummobil baut, zehn Millionen Dollar. Das wieder verwendbare Fahrzeug soll die Passagiere zu einer suborbitalen Flughöhe von 100 Kilometern in den Weltraum transportieren, sicher wieder auf der Erde aufsetzen und binnen zweier Wochen erneut ins All starten.

Nicholas Brautlecht schreibt, die Hotel-Kette ________________ nicht allein mit ihren Plänen, die Grenzen des Tourismus neu zu definieren. Eine in den USA ansässige Stiftung ________________ der Firma, die das erste privat entwickelte Weltraummobil ________________, zehn Millionen Dollar. Das wiederverwendbare Fahrzeug ________________ die Passagiere zu einer suborbitalen Flughöhe von 100 Kilometern in den Weltraum ________________, sicher wieder auf der Erde ________________ und binnen zweier Wochen erneut ins All ________________.

7 P.

Meine Punkte ________

Gesamt 38 P.

Ich habe ______ Punkte

Lösungen

Vorarbeiten

1. **Überblick verschaffen:** Vor dem ersten genauen Lesen solltest du dir einen Überblick verschaffen, damit du weißt, worum es überhaupt geht. Überfliege kurz den Text und achte besonders auf die Überschrift.
2. **Lesen und markieren:** Lies den Text mindestens zweimal gründlich. Streiche an, was dir auffällt, z. B. inhaltliche Zusammenhänge, Kernaussagen, unklare Begriffe usw.
3. **Unverständliches klären:** Kläre die Zusammenhänge oder Begriffe, bei denen du dir unsicher bist. Oft gibt der Text selbst Erklärungen, Begriffe kannst du möglicherweise durch Analogien oder mit Hilfe eines Wörterbuchs (wenn du ein solches verwenden darfst) erschließen.
4. **Sinnabschnitte finden:** Schau dir den Aufbau des Textes an und gliedere diesen in Sinnabschnitte.
5. **Kerninformationen entnehmen:** Entnimm den einzelnen Sinnabschnitten die wichtigsten Informationen. Diese kannst du farbig anstreichen oder stichwortartig herausschreiben.
6. **Schreibplan erstellen:** Gliedere deinen Aufsatz in drei Teile: Einleitung, Hauptteil und Schluss und ordne diesen deine gesammelten Informationen zu.

(10 Minuten)

Der Schreibplan

Einleitung:

- Sachtext von Jörn Auf dem Kampe
- erschienen in GEOkompakt im September 2007
- Saguaro-Kakteen in Arizona in ihrem Bestand gefährdet

Tipp:

In der Einleitung nennst du den Autor und die Herkunft des Textes und fasst den Inhalt in ein bis zwei Sätzen zusammen.

Hauptteil:

- Schreibanlass: Verheerender Brand in der Sonora-Wüste im Juni 2005
- Abfolge der dargestellten Ereignisse:
  - Schilderung des Brands
  - Schilderung des Eingreifens des Biologen Todd Willard
  - Einschub: Die Saguaros als Wahrzeichen Arizonas
  - Die Kakteen der Sonora-Wüste nach dem Brand
  - Weitere Bedrohungen der Kakteen-Bestände
- Art der Darstellung: Reportage

Tipp:

Im Hauptteil gehst du genau auf den Inhalt des Textes ein und klärst die folgenden Fragen:
- Was ist der Schreibanlass?
- In welchen gedanklichen Schritten entwickelt sich die Darstellung?
- Wie versucht der Autor seine Ausführungen zu verdeutlichen?

Schluss:

- Autor macht darauf aufmerksam, dass die Kakteen auch durch den Menschen gefährdet sind.

Tipp:

Im Schluss legst du die Aussageabsicht (Intention) des Autors dar.

(10 Minuten)

Hinweise zum Schreiben des Aufsatzes

1. Bei der Erschließung eines Sachtextes ist es wichtig, dass du die Informationen richtig wiedergibst, dich dabei aber kurz fasst und auf das Wesentliche beschränkst.
2. Verwende eine sachliche, berichtende Sprache. Finde eigene Worte, orientiere dich nicht an der Sprache des vorliegenden Textes.
3. Wörtliche Rede gibst du in indirekter Rede oder als Zusammenfassung wieder.
4. Schreibe im Präsens, außer bei Vorgängen, die in der Vergangenheit abgeschlossen sind; diese gibst du in der Vergangenheitsform wieder.
5. Achte auf eine zusammenhängende Darstellung und vermeide Wortwiederholungen und Rechtschreibfehler.

Aufsatz

Untersuchung des Textes „Kakteen: Festungen des Lebens" (1)

In seinem Artikel „Kakteen: Festungen des Lebens", erschienen in GeoKompakt vom September 2007, beschreibt Jörn Auf dem Kampe die gefährdete Existenz der Saguaro-Kakteen in der Sonora-Wüste nahe Phoenix (Arizona). (2)

Der verheerende Brand im Juni 2005, dem ganze Kakteenfelder zum Opfer gefallen sind, war für den Autor Anlass, sich mit der Sonora-Wüste und den dort vorkommenden Saguaros zu beschäftigen. (3)
Der Artikel ist in fünf Abschnitte gegliedert: Im ersten Abschnitt entwirft der Autor ein Stimmungsbild vom Nachmittag des 21. Juni 2005, dem Tag, an dem der Brand ausgebrochen ist. Er erzählt aus der Perspektive des Biologen Todd Willard, der vom Humboldt Mountain aus die Lage beobachtet und ihre Auswirkungen einzuschätzen versucht. Im zweiten Abschnitt berichtet er von den fast vierwöchigen Versuchen der Feuerwehrleute, den Brand einzudämmen. Der dritte Abschnitt gibt – als Einschub gestaltet – Informationen über die Saguaros. Beschrieben wird ihr Aussehen, ihre Funktion als Wahrzeichen und ihr Zustand nach der Brandkatastrophe. Im vierten Abschnitt berichtet der Autor unter Verwendung von Aussagen Todd Willards über ein von diesem initiierten Forschungsprojekt zur Erforschung der Widerstandsfähigkeit der Kakteen. Im fünften und letzten Abschnitt berichtet Auf dem Kampe von den Gefahren, denen die Saguaros durch die Menschen ausgesetzt sind: Von der mutwilligen Zerstörung der Kakteen, von ihrer Verwendung als Sammlertrophäen oder als lukrative Schwarzmarktware. Als Hauptgefahr für den Bestand der Saguaros nennt er die Ausdehnung der menschlichen Ansiedlungen, insbesondere der Metropolen Phoenix und Tuscon. (4)
Der Text von Jörn Auf dem Kampe ist für eine Zeitschrift verfasst und zeigt deutliche Zeichen einer Reportage. Der Einstieg erfolgt über ein konkretes Ereignis, den Brand von 2005. Das Tun der Beteiligten wird quasi aus nächster Nähe betrachtet, dazu tragen auch die eingefügten Anteile von wörtlicher Rede bei. Daneben zeigt der Artikel auch Elemente eines Sachtextes, z. B. die genaue Beschreibung der Kakteen und ihrer Lebensumstände. (5)

Am Ende des Textes wird die Aussageabsicht des Autors deutlich: Sein Artikel will nicht nur Interesse für diese besonderen Kakteen wecken, sondern auch dafür sensibilisieren, dass der Fortbestand dieser Art vom verantwortungsvollen Verhalten der Menschen abhängig ist. (6)

(25 Minuten)

(1) Die Überschrift einer Textuntersuchung muss immer sachlich sein.

(2) Gib in der Einleitung genaue Informationen über den Text. Nenne Titel, Autor und den Erscheinungsort. Fasse die Thematik des Textes in aller Kürze zusammen.

(3) Wenn dir der Schreibanlass bekannt ist, nennst du ihn zu Beginn des Hauptteils.

(4) Bei jeder Untersuchung eines Sachtextes ist es notwendig, dass du den Inhalt zusammenfasst. Eine strukturierte Zusammenfassung, gegliedert nach Sinnabschnitten, bietet sich bei dem vorliegenden Text an.

(5) Zur Untersuchung eines Sachtextes gehört es auch, sich zu seiner „Machart" zu äußern. Da es sich hier um eine Reportage handelt, müssen die entsprechenden Kennzeichen in Kürze herausgearbeitet werden.

(6) Die Aufgabenstellung verlangt, dass du dich zur Intention des Autors äußerst. Dafür eignet sich der Schlussteil deines Aufsatzes.

Selbstbewertungsbogen: Einen Sachtext untersuchen

	Anforderungen	**Lösungsqualität**		
	Folgende Bewertungspunkte solltest du erfüllen: **Du hast**	**Höchstpunktzahl**		**Deiner Meinung nach erreichte Punktzahl**
1	die Textuntersuchung – in einem zusammenhängenden Text verfasst, – klar in Einleitung, Hauptteil und Schluss gegliedert.	 6 je 2 Punkte	**12**	
2	deinem Aufsatz eine passende Überschrift gegeben.	4	**4**	
3	durchgehend Sachstil verwendet.	8	**8**	
4	in der Einleitung – die wichtigsten Informationen zum Text genannt, – das Thema kurz vorgestellt.	 4 4	**8**	
5	im Hauptteil – den Schreibanlass genannt, – die gedanklichen Schritte der Darstellung herausgearbeitet und – ihren Inhalt strukturiert zusammengefasst, – erkannt, dass es sich um eine Reportage handelt.	 4 6 12 6	**28**	
6	– im Schluss die Autorintention genau getroffen.	6	**6**	
	Zwischensumme für die inhaltliche Darstellung		**66**	
7	Bei der **sprachlichen Darstellung** hast du: – auf vollständige Sätze und abwechslungsreichen Satzbau geachtet, – treffende Verben und Adjektive verwendet, – wörtliche Rede in indirekter Rede oder als Zusammenfassung wiedergegeben, – auf die wichtigsten Regeln der Rechtschreibung, – die korrekte Grammatik und Zeichensetzung geachtet, – im passenden Tempus (Präsens) geschrieben.	 3 2 3 2 2 2	**14**	
	Summe insgesamt		**80**	

Mein Ergebnis

Punkte	**80 – 75**	**74 – 69**	**68 – 63**	**62 – 57**	**56 – 51**	**50 – 45**	**44 – 38**	**37 – 31**	**30 – 24**	**23 – 17**	**16 – 0**
Note	**1**	**1,5**	**2**	**2,5**	**3**	**3,5**	**4**	**4,5**	**5**	**5,5**	**6**

Vorarbeiten

1. **Überblick verschaffen:** Vor dem ersten genauen Lesen solltest du dir einen Überblick verschaffen, damit du weißt, worum es überhaupt geht. Überfliege kurz den Text, achte besonders auf die Überschrift und betrachte die Schaubilder.
2. **Lesen und markieren:** Lies den Text mindestens zweimal gründlich. Streiche an, was dir auffällt, z. B. inhaltliche Zusammenhänge, Kernaussagen, unklare Begriffe usw.
3. **Unverständliches klären:** Kläre Zusammenhänge oder Begriffe, bei denen du dir unsicher bist. Oft gibt der Text selbst Erklärungen, Begriffe kannst du möglicherweise durch Analogien oder mit Hilfe eines Wörterbuchs (wenn du ein solches verwenden darfst) erschließen.
4. **Sinnabschnitte finden:** Schau dir den Aufbau des Textes an und gliedere diesen in Sinnabschnitte.
5. **Kerninformationen entnehmen:** Entnimm den einzelnen Sinnabschnitten die wichtigsten Informationen. Diese kannst du farbig anstreichen oder stichwortartig herausschreiben.
6. **Grafiken erschließen:** Betrachte die Grafiken genau und halte die darin enthaltenen Informationen schriftlich fest. Kläre, wie der Inhalt der Schaubilder die Aussagen des Textes ergänzt.
7. **Sprachliche Mittel erkennen:** Zu einer Texterschließung gehört auch, auffällige sprachliche Mittel (z. B. Verwendung von Fremdwörtern) herauszuarbeiten.
8. **Schreibplan erstellen:** Gliedere deinen Aufsatz in Einleitung, Hauptteil und Schluss und orde diesen drei Teilen deine gesammelten Informationen zu.

(15 Minuten)

Der Schreibplan

Einleitung:

- Zeitungstext von Tobias Bevc
- erschienen in „Ansichten und Einsichten" 01/08
- Umgang mit dem Computer in der Gesellschaft

Hauptteil:

- Hauptaussage: Computerspiele werden von Männern und Frauen jeder Altersstufe in unterschiedlichem Umfang gespielt.
- Schreibanlass: Zwei Studien aus dem Jahr 2007
- Schritte der Darstellung:
  - negative Aspekte von Computerspielen
  - wachsende Begeisterung für Computerspiele in der Gesellschaft
  - verschiedene Spielertypen
  - Verbreitung von Computerspielen in den verschiedenen Altersklassen
  - Verhältnis von „Spielern" und „Nichtspielern"

Schluss:

- Aussageabsicht des Autors

(10 Minuten)

Tipp:

In der Einleitung nennst du den Autor und die Herkunft des Textes und fasst den Inhalt in ein bis zwei Sätzen zusammen.

Im Hauptteil gehst du genau auf den Inhalt des Textes und die Schaubilder ein und klärst die folgenden Fragen:
- Was ist der Schreibanlass?
- Was ist die Hauptaussage?
- In welchen gedanklichen Schritten entwickelt sich die Darstellung?
- Wie versucht der Autor seine Ausführungen zu verdeutlichen?

Im Schluss klärst du die Aussageabsicht (Intention) des Autors.

Hinweise zum Schreiben des Aufsatzes

1. Bei der Erschließung eines Zeitungstextes ist es wichtig, dass du die Informationen des Textes und der Schaubilder richtig wiedergibst, dich dabei aber kurz fasst und auf das Wesentliche beschränkst.
2. Verwende eine sachliche, berichtende Sprache. Finde eigene Worte, orientiere dich nicht an der Sprache des vorliegenden Textes.
3. Schreibe im Präsens, außer bei Vorgängen, die in der Vergangenheit abgeschlossen sind; diese gibst du in der Vergangenheitsform wieder.
4. Achte auf eine zusammenhängende Darstellung und vermeide Wortwiederholungen und Rechtschreibfehler!

Aufsatz

Untersuchung des Zeitungsartikels „Gesellschaft und Geschichte in Computerspielen"

Der Artikel „Gesellschaft und Geschichte in Computerspielen", verfasst von Tobias Bevc, ist in der Januarausgabe 2008 der Zeitschrift „Ansichten und Einsichten" abgedruckt. Beve zeigt darin den gesellschaftlichen Umgang mit Computerspielen auf. (1)

(1) In der Einleitung müssen Fakten genannt werden: Autor, Titel des Zeitungsartikels und dessen Inhalt in Kürze.

Anlass für den Artikel ist das Erscheinen von zwei neueren Studien, betitelt „Spielplatz Deutschland" und „ACTA 2007. Computer- und Konsolenspiele. Zielgruppen und Marktsegmente". In diesen Studien wurde erforscht, wer wie viele Computerspiele spielt und welche Spiele bevorzugt gespielt werden. (2)
Der Artikel ist in fünf Abschnitte gegliedert. Im ersten Abschnitt referiert der Autor die negativen Aspekte von Computerspielen: Hedonismus, Konsumkultur, Körperkult, Sexismus und Rassismus. Er stellt fest, dass sie einen nicht zu unterschätzenden Einfluss auf die Sozialisation insbesondere von Jugendlichen haben und trotz aller Kritik die Realität zunehmend prägen. (3)
Der Autor rät zu einem sachlichen Umgang mit dem Thema Computerspiele, da dieses ein gesamtgesellschaftliches Problem darstelle und nicht nur auf pubertierende Jugendliche bezogen werden dürfe.
Im dritten Abschnitt bezieht sich Bevc auf die genannten Studien, die ergeben hätten, dass Computerspiele von prinzipiell allen Menschen gespielt werden würden. Er unterscheidet – Bezug nehmend auf die Studie „Spielplatz Deutschland" – „Freizeitspieler" (54 %), „Gewohnheitsspieler" (24 %), „Denkspieler" (11 %), „Fantasiespieler" (6 %) und „Intensivspieler" (5 %). Diese Spielertypen sind sowohl weiblich als auch männlich, sie stammen aus jeder Altersgruppe zwischen 14 und 64 Jahren. (4)
Im folgenden Abschnitt stellt Beve fest, dass die Geräte, die zum Spielen vom Computerspielen benötigt werden, für die unter 14-Jährigen zu den „selbstverständlichen Alltagsgegenständen" (Z. 37) gehören, deren „Verwendung nicht weiter hinterfragt" (Z. 38) würde.
Für die Altersgruppe der 14- bis 64-Jährigen zeigt sich, dass Computerspiele wesentlich verbreiteter sind als Konsolenspiele, wobei die Altersverteilung der Spielerinnen und Spieler einen deutlichen Schwerpunkt bei den 14- bis 19-Jährigen aufweist, der stetig abfällt (s. Abb. 2). (5)
Im letzten Abschnitt kommt der Autor zu der Schlussfolgerung, dass Computerspiele zum Alltag der Menschen unserer Tage gehörten, dass sie „keine Beschäftigung für Randgruppen mehr sind." (Z. 39 f.).

(2) Der Hauptteil beginnt mit der Nennung des Schreibanlasses: Hier sind es die beiden wissenschaftlichen Studien.

(3) Die Zusammenfassung der wichtigsten Textaussagen bildet den Schwerpunkt im Hauptteil.

(4) Bei der Zusammenfasssung der Aussagen aus dem dritten Textabschnitt müssen die Informationen des ersten Schaubilds mit einbezogen werden – so verlangt es die Aufgabenstellung.

(5) Bei Textabschnitt 4 verhält es sich ebenso: Auch hier wird der Text durch ein Schaubild ergänzt, das ausgewertet und in die Darstellung einbezogen werden muss.

Der Artikel von Tobias Bevc ist in sachlichem Stil verfasst und gewinnt durch die Einbeziehung wissenschaftlicher Studien zudem an Glaubwürdigkeit. Die vorwiegend als Satzreihe gestalteten Sätze sowie die verwendeten Fachbegriffe (z. B. „Hedonismus", „Konsumkultur"; Z. 1; „Provenienz", Z. 13; „bevölkerungsrepräsentative Studie"; Z. 27 f.) unterstreichen die Ernsthaftigkeit der Auseinandersetzung mit dem Thema und signalisieren zugleich, dass der Artikel für ein interessiertes, aber auch anspruchsvolles Lesepublikum geschrieben ist. (6)

(6) Bei der Analyse der sprachlichen Mittel musst du in diesem Fall auch auf die auffällige Verwendung der Fremdwörter/Fachbegriffe eingehen und deren Funktion erläutern.

Auch in seiner Argumentation ist der Artikel differenzierend; die Intention des Autors ist es nicht, grundsätzlich gegen Computerspiele anzuschreiben. Er verdeutlicht vielmehr deren Einfluss auf alle gesellschaftliche Gruppen, auf jedes Geschlecht und auf jede Altersklasse. (7)

(7) Der Schlussteil enthält eine konkrete Aussage zur Aussageabsicht des Autors.

(35 Minuten)

Selbstbewertungsbogen: Einen Text mit Schaubildern untersuchen

	Anforderungen	**Lösungsqualität**		
	Folgende Bewertungspunkte solltest du erfüllen: **Du hast**	**Höchstpunktzahl**		**Deiner Meinung nach erreichte Punktzahl**
1	die Textuntersuchung - in einem zusammenhängenden Text verfasst, - klar in Einleitung, Hauptteil und Schluss gegliedert.	 6 je 2 Punkte	**12**	
2	deinem Aufsatz eine passende Überschrift gegeben.	4	**4**	
3	die Aussagen der Schaubilder - richtig ausgewertet, - passend in die Texterschließung einbezogen.	 5 5	**8**	
4	in der Einleitung - die wichtigsten Fakten genannt, - das Thema kurz vorgestellt.	 4 4	**8**	
5	im Hauptteil - den Schreibanlass genannt, - die gedanklichen Schritte der Darstellung herausgearbeitet und - ihren Inhalt klar verständlich zusammengefasst, - Textstellen als Belege zitiert, - den Stil des Textes untersucht und gedeutet.	 4 4 8 3 3	**22**	
6	- durchgehend Sachstil verwendet.	6	**6**	
7	- im Schluss die Autorintention genau getroffen.	6	**6**	
	Zwischensumme für die inhaltliche Darstellung		**68**	
8	Bei der **sprachlichen Darstellung** hast du: - auf vollständige Sätze und abwechslungsreichen Satzbau geachtet, - treffende Verben und Adjektive verwendet, - auf die wichtigsten Regeln der Rechtschreibung, - die korrekte Grammatik und Zeichensetzung geachtet, - im passenden Tempus (Präsens) geschrieben.	 3 2 2 3 2	**12**	
	Summe insgesamt		**80**	

Mein Ergebnis

Punkte	**80–75**	**74–69**	**68–63**	**62–57**	**56–51**	**50–45**	**44–38**	**37–31**	**30–24**	**23–17**	**16–0**
Note	**1**	**1,5**	**2**	**2,5**	**3**	**3,5**	**4**	**4,5**	**5**	**5,5**	**6**

Vorarbeiten

1. Lies das Thema genau, damit du in deinem Leserbrief in die richtige Richtung argumentierst (du sollst dich **für** den Gebrauch von Handys aussprechen!).
2. Sammle mithilfe einer Mindmap oder Stichwortsammlung treffende Argumente, mit denen du die Leser überzeugen kannst.
3. Ordne deine Argumente in der richtigen Reihenfolge an: vom schwächsten zum stärksten Argument aufsteigend.
4. Finde zu jedem Argument ein konkretes Beispiel.
5. Erstelle einen Schreibplan zu deinem Aufsatz.

1. Argumente sammeln

Für das Handy in der Schule spricht:
die Schüler können in der Pause spielen und sich erholen – sie können das Handy als Uhr nützen – sie können die Eltern informieren – ein Verbot hilft nicht – man kann schnell Hilfe holen

2. Argumente ordnen und Beispiele finden

- ein Verbot hilft nicht
- die Schüler können in der Pause spielen (z. B. um sich zu entspannen)
- sie können das Handy als Uhr nützen (z. B. bei Klassenarbeiten)
- sie können die Eltern informieren (z. B. bei früherem Schulschluss)
- man kann schnell Hilfe holen (z. B. bei Gefahren auf dem Schulweg)

(15 Minuten)

3. Der Schreibplan

Einleitung:

Diskussion in der Schülerschaft über das Handyverbot in der Schule

Hauptteil:

Argumente gegen das Handyverbot in der Schule
1. Missbrauch kann nicht durch ein Verbot verhindert werden
2. Entspannung in den Pausen
3. Nützliches Hilfsmittel: Kalender und Uhr
4. Schnelle Information für die Eltern bei früherem Unterrichtsende
5. Sicherheitsaspekt auf dem Schulweg

Tipp:

Entfalte im Hauptteil deine Argumente nach dem Schema: Behauptung – Begründung – Beispiel. Achte dabei auf eine sinnvolle Verknüpfung der Argumente (Überleitungen!).

Schluss:

Nützlichkeit des Handys in der Schule

Tipp:

Stelle im Schluss das Ergebnis deiner Überlegungen noch einmal deutlich heraus.

(5 Minuten)

Hinweise zum Schreiben des Aufsatzes

1. Schreibe sachlich und verwende, wo es nötig ist, Fachbegriffe.
2. Schreibe im Präsens.

Aufsatz

Immer mit Handy!

Da die Redakteure unserer Schülerzeitung zu einer Diskussion über das Handy in der Schule aufgerufen haben, will ich mich jetzt auch mal zu Wort melden. (1)

> (1) Am Anfang des Leserbriefs nennst du kurz den Grund oder Anlass für dein Schreiben, damit der Zusammenhang klar wird.

Eigentlich verstehe ich die ganze Aufregung nicht so recht. Heutzutage ist doch üblich, dass jeder ein Handy hat, auch wir Schüler. Und wer geht schon ohne Handy aus dem Haus? Niemand!

Unsere Direktorin argumentiert, dass mit dem Handy in der Schule Missbrauch getrieben würde. (2) Doch was kann man schon anstellen? Man kann sich doch nicht während der Klassenarbeit die Matheergebnisse durchgeben. Man kann vielleicht einzelne Lehrer fotografieren, aber das machen ja nur einige. Und wenn es die Lehrer merken, gibt es sowieso eine Strafe. Dazu braucht man das Handy nicht grundsätzlich zu verbieten.

> (2) Hier wird kurz ein Gegenargument angesprochen, das im weiteren Verlauf immer mehr ausgeräumt wird.

Ich bin dafür, dass jeder sein Handy mitbringen darf, da es auch in der Schule gute Dienste leisten kann. (3) So können wir Schüler in den Pausen Spiele machen oder Musik hören. Das dient der Entspannung und dafür sind die Pausen schließlich da. Außerdem sind Handys wirklich nützlich (4): Man hat seinen Kalender immer bei sich und weil viele Schüler gar keine Armbanduhr besitzen, sind sie auf die Uhr im Handy angewiesen – besonders während der Klassenarbeiten.

> (3–6) Im Hauptteil werden nun die eigenen Argumente entfaltet, die im Schreibplan unter den Nummern 2 bis 5 skizziert sind.

Besonders für die jüngeren Schüler ist das Handy wichtig, z. B. wenn früher Unterrichtsschluss ist, die Schulbusse nicht fahren und sie abgeholt werden müssen. (5) Früher standen sie dann in Schlangen am öffentlichen Fernsprecher in der Aula an (wenn dieser nicht mal wieder kaputt war!), heute können sie das Handy benutzen.

Und zum Schluss noch ein ganz wichtiger Grund, warum das Handy in der Schule erlaubt sein sollte: Vor allem im Herbst und im Winter ist es morgens und abends dunkel, wenn die Schüler sich auf dem Schulweg befinden. Wer weiß, von wem man da angeredet wird. Besonders für uns Mädchen dient das Handy in so einer Situation der Sicherheit, weil man schnell Hilfe holen kann, wenn man in Gefahr gerät. (6)

Alles in allem finde ich die Aufregung um das Handy in der Schule völlig überflüssig. Wenn jeder ordentlich damit umgeht, hat niemand einen Schaden davon und es kann doch in vielen Situationen nützen. Und wenn jemand Blödsinn damit macht, greifen sowieso die Lehrer ein. (7)

> (7) Im Schlussteil legst du deine eigene Meinung noch einmal deutlich dar und fasst das bisher Gesagte zusammen.

(25 Minuten)

Selbstbewertungsbogen: Eine begründete Stellungnahme schreiben

	Anforderungen	**Lösungsqualität**		
	Folgende Bewertungspunkte solltest du erfüllen: **Du hast**	**Höchstpunktzahl**		**Deiner Meinung nach erreichte Punktzahl**
1	die begründete Stellungnahme – in einem zusammenhängenden Text verfasst, – in Einleitung, Hauptteil und Schluss gegliedert.	 6 6	 **12**	
2	durchgehend auf das Thema bezogen geschrieben.	8	**8**	
3	das Argumentationsschema (Behauptung – Begründung – Beispiel) sinnvoll angewandt.	10	**10**	
4	in der Einleitung – den Schreibanlass genannt, – zum Hauptteil hingeführt.	 4 4	 **8**	
5	im Hauptteil – treffende Argumente vorgebracht, – die Argumente vom schwächsten zum wichtigsten geordnet angeführt, – die Argumente in einen schlüssigen Zusammenhang gebracht, – die Argumente sinnvoll mit Überleitungen verknüpft.	 6 6 6 6	 **24**	
6	im Schluss dein Ergebnis klar herausgearbeitet.	4	**4**	
	Zwischensumme für die inhaltliche Darstellung		**66**	
7	Bei der **sprachlichen Darstellung** hast du – auf vollständige Sätze und abwechslungsreichen Satzbau geachtet, – passende Konjunktionen für gelungene sprachliche Überleitungen gefunden, – auf die wichtigsten Regeln der Rechtschreibung, – die korrekte Grammatik und Zeichensetzung geachtet, – im passenden Tempus (Präsens) geschrieben.	 3 3 3 3 2	 **14**	
	Summe insgesamt		**80**	

Mein Ergebnis

Punkte	**80–75**	**74–69**	**68–63**	**62–57**	**56–51**	**50–45**	**44–38**	**37–31**	**30–24**	**23–17**	**16–0**
Note	**1**	**1,5**	**2**	**2,5**	**3**	**3,5**	**4**	**4,5**	**5**	**5,5**	**6**

Vorarbeiten

1. Lies das Thema und den Leserbrief genau, damit du in deiner Stellungnahme die vorgebrachten Argumente aufgreifen und angemessen darauf reagieren kannst.
2. Sammle mithilfe einer Mindmap oder Stichwortsammlung treffende Argumente für die Auseinandersetzung mit der Thematik.
3. Ordne deine Argumente vom schwächsten zum stärksten Argument aufsteigend an.
4. Finde konkrete Beispiele, mit denen du deine Argumente anschaulich machen kannst.
5. Erstelle einen Schreibplan/Gliederung zu deinem Aufsatz.

1. Argumente sammeln

Schulen sind kein Reisebüro, die Fahrten dienen der Bildung – sie stärken zugleich die Klassengemeinschaften und helfen so Konflikte zu vermeiden – man wird selbstständiger, wenn man ohne Eltern unterwegs ist – man lernt fremde Städte, Länder und Kulturen kennen – man kann im Skikurs das Skifahren lernen – man kann seine Fremdsprachenkenntnisse testen und erweitern – Klassenfahrten ergänzen das schulische Bildungsprogramm, das hat nichts damit zu tun, ob die Schulzeit am Gymnasium 8 oder 9 Jahre dauert – Klassenfahrten kosten zwar Geld, aber es gibt Zuschüsse

2. Argumente ordnen

- Klassenfahrten kosten zwar Geld, aber es gibt Zuschüsse
- Schulen sind kein Reisebüro, die Fahrten dienen der Bildung (man lernt fremde Städte, Länder und Kulturen kennen – man kann im Skikurs das Skifahren lernen – man kann seine Fremdsprachenkenntnisse testen und erweitern)
- Klassenfahrten ergänzen das schulische Bildungsprogramm, das hat nichts damit zu tun, ob die Schulzeit am Gymnasium 8 oder 9 Jahre dauert
- sie stärken zugleich die Klassengemeinschaften und helfen so Konflikte zu vermeiden
- man wird selbstständiger, wenn man ohne Eltern unterwegs ist

(20 Minuten)

3. Der Schreibplan

Einleitung:

Schreibanlass: Leserbrief zum Thema „Klassenfahrten"

Hauptteil:

1. Nur geringe finanzielle Belastung für die Eltern
2. Bildungsaspekt von Schulfahrten:
   - das Kennenlernen fremder Städte, Länder und Kulturen fördert die Toleranz
   - Erweitern der Fremdsprachenkenntnisse
   - Neues lernen
3. Stärkung der Klassengemeinschaft
4. Förderung der individuellen Entwicklung der Schüler

Schluss:

Für die Beibehaltung der Klassenfahrten

(10 Minuten)

Tipp:
Lege in der Einleitung dar, um was es in deiner Stellungnahme geht.

Tipp:
Führe im Hauptteil deine Argumente nach dem Schema:
Behauptung – Begründung – Beispiel
an. Achte dabei auf eine sinnvolle Verknüpfung der Argumente (Überleitungen!).

Tipp:
Im Schluss stellst du das Ergebnis deiner Überlegungen nochmal deutlich heraus.

Hinweise zum Schreiben des Aufsatzes

1. Schreibe im Sachstil und verwende, wo es nötig ist, Fachbegriffe.
2. Schreibe im Präsens.
3. Achte auf einen abwechslungsreichen Satzbau und vermeide Wortwiederholungen und Rechtschreibfehler!

Aufsatz

Stellungnahme zum Thema

„Sollen Klassenfahrten abgeschafft werden?"

Durch die Reduzierung der Schulzeit am Gymnasium auf acht Jahre müssen die Schülerinnen und Schüler in kürzerer Zeit mehr leisten. Viele beklagen deshalb, dass sie mehr Nachmittagsunterricht und weniger Zeit für ihre persönlichen Interessen und Hobbys haben. (1) Ausgehend von einem Leserbrief, in dem die intensivere Nutzung der Unterrichtszeit und damit die Abschaffung von schulischen Fahrten gefordert wird, möchte ich nun begründet darlegen, warum Klassenfahrten nicht abgeschafft werden sollen. (2)

> (1/2) Die Einleitung führt zum Thema hin. Deshalb nennt der erste Satz Hintergrundinformationen. Im zweiten Satz wird dann auf den konkreten Anlass für die Stellungnahme Bezug genommen: den Leserbrief.

In diesem Leserbrief moniert der Verfasser oder die Verfasserin, Schulen glichen Reisebüros, weil es so viele Fahrten gäbe. Diese müssten die Eltern finanzieren, was ihre finanziellen Möglichkeiten oft übersteige. (3)
Dem muss man entgegenhalten, dass der finanzielle Aspekt zwar sicher nicht zu unterschätzen ist, dass aber eine finanzielle Überforderung der Eltern eigentlich nicht vorkommen kann. Viele Veranstalter von Gruppenreisen und Jugendherbergen bieten Freiplätze für sozial Schwache an, auch der Elternbeirat und die Fördervereine, die es an vielen Schulen gibt, unterstützen ärmere Familien und geben für Fahrten Zuschüsse. Damit ist dieses Argument eigentlich ausgeräumt, bleibt der Vorwurf, Schulen seien „Reisebüros".

> (3) Zu Beginn des Hauptteils wird auf ein Argument des Leserbriefs Bezug genommen, und dieses ausgeräumt. Nun beginnt die Darlegung der Argumente, die zeigen, warum Klassenfahrten sinnvoll sind und nicht abgeschafft werden sollten.

Hierzu kann man folgendes anmerken: Bei Klassenfahrten steht nicht der Spaßfaktor im Vordergrund, sie haben stets Bezug zu Unterrichtsinhalten oder schulischen Situationen. Bei Städtefahrten, z. B. nach Paris oder London, gibt es immer eine Anknüpfung an den Sprachunterricht. Vor Ort kann man dann seine Sprachkenntnisse testen und erweitern. Man lernt auch die Städte, die dort lebenden Menschen und die Besonderheiten kennen, von denen im Landeskundeunterricht die Rede war. Somit dienen diese Fahrten der Vertiefung und Veranschaulichung des Lernstoffs. (4) Außerdem fördert das Kennenlernen fremder Städte und Länder die Toleranz der Schüler – auch das ist ein Aspekt von Bildung. Ganz deutlich wird der Bezug zur Schule, wenn auf einer Fahrt Neues gelernt wird. So kommen viele Schülerinnen und Schüler, deren Eltern diesen Sport nicht betreiben, erst zum Skifahren, wenn sie mit der Klasse in ein Skilager fahren. Und dass Skifahren nicht in der Schule erlernt werden kann, sondern eine Klassenfahrt voraussetzt, versteht sich von selbst.

> (4) Im Hauptteil werden nun die Argumente, so wie im Schreibplan skizziert, angeführt und in einen schlüssigen Zusammenhang gebracht.
> Dabei ist es wichtig, dass du bei jedem Argument den Dreischritt: Behauptung – Begründung – Beispiel einhältst.

Ein ganz wichtiger Aspekt ist auch das soziale Lernen. An vielen Schulen ist es üblich, zu Beginn der 5. Klasse in ein Schullandheim zu fahren. Dort verbringen die neuen Gymnasiasten drei bis fünf Tage miteinander und lernen sich und ihre Lehrer intensiver kennen, als das in der Schule möglich wäre. Der Schullandheim-

aufenthalt stärkt damit die Klassengemeinschaft und hilft oft schon im Vorfeld, Konflikte zu vermeiden. (5) Dies wirkt sich dann wieder auf den Unterricht in der Schule positiv aus, da nun – ohne Konflikte und mit mehr Verständnis füreinander – konzentrierter gearbeitet werden kann.
Ein zentraler Aspekt von Klassenfahrten ist auch die individuelle Entwicklung der Schüler. Viele sind dabei erstmals ohne Eltern unterwegs und auf sich allein gestellt. Dies lässt sie reifen und selbstständiger werden – auch ein Aspekt, der dem Lernverhalten in der Schule nützt.

> (5) Es ist aber auch möglich, die Reihenfolge der „drei B's" zu verändern, z. B. Behauptung – Beispiel – Begründung.
> Dies erhöht die Qualität des Aufsatzes, der nun weniger schematisch gestaltet ist und nicht so eintönig klingt.

Abschließend möchte ich feststellen (6), dass der Gedanke, bei kürzerer Schulzeit auf Klassenfahrten zu verzichten, auf den ersten Blick sinnvoll erscheint. Betrachtet man aber den Zweck dieser Fahrten genau, so muss man zu dem Schluss kommen, dass dort vieles geleistet wird, was das Bildungsangebot der Schule unterstützt oder ein sinnvolles Lernen erst möglich macht. Aus diesem Grund spreche ich mich ganz klar für die Beibehaltung von Klassenfahrten im G8 aus.

> (6) Im Schlussteil, dessen Beginn hier deutlich markiert ist, musst du zu einem klaren abschließenden Ergebnis deiner Argumentation kommen – möglichst mit Bezug auf den Diskussionsanlass, den Leserbrief.

(30 Minuten)

Selbstbewertungsbogen: Zu einem Leserbrief Stellung nehmen

	Anforderungen	**Lösungsqualität**		
	Folgende Bewertungspunkte solltest du erfüllen: **Du hast**	**Höchstpunktzahl**		**Deiner Meinung nach erreichte Punktzahl**
1	die Stellungnahme – in einem zusammenhängenden Text verfasst, – in Einleitung, Hauptteil und Schluss gegliedert.	 6 6	 **12**	
2	durchgehend sachbezogen geschrieben.	8	**8**	
3	das Argumentationsschema (Behauptung – Begründung – Beispiel) sinnvoll angewandt.	10	**10**	
4	in der Einleitung – den Schreibanlass genannt, – das Thema näher beleuchtet, – zum Hauptteil hingeführt.	 2 2 2	 **6**	
5	im Hauptteil – treffende Argumente vorgebracht, – die Argumente vom schwächsten zum wichtigsten geordnet angeführt, – die Argumente in einen schlüssigen Zusammenhang gebracht, – die Argumente sinnvoll mit Überleitungen verknüpft.	 6 6 6 6	 **24**	
6	– im Schluss das Ergebnis klar herausgearbeitet.	6	**6**	
	Zwischensumme für die inhaltliche Darstellung		**66**	
7	bei der **sprachlichen Darstellung** hast du – auf vollständige Sätze und abwechslungsreichen Satzbau geachtet, – passende Konjunktionen für gelungene sprachliche Überleitungen gefunden, – auf die wichtigsten Regeln der Rechtschreibung, – die korrekte Grammatik und Zeichensetzung geachtet, – im passenden Tempus (Präsens) geschrieben.	 3 3 3 3 2	 **14**	
	Summe insgesamt		**80**	

Mein Ergebnis

Punkte	80–75	74–69	68–63	62–57	56–51	50–45	44–38	37–31	30–24	23–17	16–0
Note	1	1,5	2	2,5	3	3,5	4	4,5	5	5,5	6

Vorarbeiten

1. Lies das Thema genau, damit du in deiner Erörterung in die richtige Richtung argumentierst (du sollst dich **für** das Internet auf jedem Schülerschreibtisch aussprechen).
2. Sammle mithilfe einer Mindmap oder Stichwortsammlung treffende Argumente für die Forderung nach einem Internetzugang für jeden Schüler.
3. Ordne deine Argumente vom schwächsten zum stärksten Argument aufsteigend an.
4. Finde konkrete Beispiele, die deinen Standpunkt unterstützen.
5. Erstelle einen Schreibplan/Gliederung zu deinem Aufsatz.

1. Argumente sammeln

Steigerung der Allgemeinbildung, da jeder Schüler die neuesten Nachrichten lesen kann – sinnvoll bei Hausaufgaben, weil man schnell Informationen beschaffen kann – Nutzen von online-Wörterbüchern – Spaß beim Chatten – Schüler können sich gegenseitig bei Hausaufgaben helfen – sinnvoll, wenn man ein Referat mit Bildern veranschaulichen will – man kann Informationen von der Homepage der eigenen Schule entnehmen – manche Lehrer kommunizieren mit den Schülern per Internet

2. Argumente ordnen

- Spaß beim Chatten
- Steigerung der Allgemeinbildung, da jeder Schüler die neuesten Nachrichten lesen kann
- man kann Informationen von der Homepage der eigenen Schule entnehmen
- sinnvoll bei Hausaufgaben, weil man schnell Informationen beschaffen kann
- Schüler können sich gegenseitig bei Hausaufgaben helfen
- manche Lehrer kommunizieren mit den Schülern per Internet
- Nutzen von online-Wörterbüchern
- sinnvoll, wenn man ein Referat mit Bildern veranschaulichen will

(20 Minuten)

3. Der Schreibplan

Einleitung:

Einzug des Computers in die Schule

Tipp:
Wecke mit deiner Einleitung das Interesse des Lesers für das Thema.

Hauptteil:

Warum ist es sinnvoll, dass Schülerinnen und Schüler über einen Internetzugang verfügen?
- Moderne Freizeitunterhaltung
- Schneller Zugriff auf aktuelle Nachrichten
- Zugang zu wichtigen Mitteilungen der eigenen Schule
- Hilfe bei Hausaufgaben
- Austausch mit Mitschülern über Hausaufgaben
- Möglichkeit der Kontaktaufnahme mit dem Lehrer
- Möglichkeit der Nutzung von online-Wörterbüchern und -Lexika
- Hilfe bei der Erstellung von Referaten und Präsentationen

Tipp:
Lege im Hauptteil deine Argumente nach dem Schema: Behauptung – Begründung – Beispiel dar. Beginne mit dem schwächsten Argument und achte auf sprachlich gelungene, sinnvolle Überleitungen.

Schluss:

Das Internet als unverzichtbares Hilfsmittel für Schüler

(5–10 Minuten)

Tipp:
Der Schluss fasst deine Ergebnisse nochmal in Kürze zusammen. Abschließend ist deine persönliche Meinung gefragt.

Hinweise zum Schreiben des Aufsatzes

1. Schreibe sachlich und verwende, wo es nötig ist, Fachbegriffe.
2. Schreibe im Präsens.
3. Achte auf einen abwechslungsreichen Satzbau und vermeide Wortwiederholungen und Rechtschreibfehler!

Aufsatz

Erörterung:
Warum ist es sinnvoll, dass Schülerinnen und Schüler über einen Internetzugang verfügen?

Längst hat der Computer in die Schulen Einzug gehalten. Die Lehrpläne sehen vor, dass die Schüler im Fach Informatik unterrichtet werden, Computerräume gibt es an fast allen Schulen. Doch sollen die Schüler nur die Theorie kennen und sich mit Textverarbeitungs- oder Tabellenkalkulationsprogrammen auskennen oder ist es nicht auch wichtig, dass sie das Internet nützen? Diese Frage stellen sich immer mehr Eltern und sie überlegen, warum es sinnvoll ist, dass ihr Kind Zugang zum Internet hat. (1)

> (1) Der erste Absatz (die Einleitung) führt zum Thema hin. Die Erwähnung einer allgemein bekannten Tatsache (Längst hat der Computer ...) weckt die Aufmerksamkeit des Lesers.

Viele Schülerinnen und Schüler wünschen sich das Internet auch zuhause, weil sie sich dann in ihrer Freizeit mit anderen austauschen können. Beliebt sind Chatrooms für Schüler, in denen die Schüler in ihrer Freizeit mit anderen in Kontakt treten und sich persönlich austauschen können. (2)
Wichtiger ist jedoch der Gesichtspunkt (3), dass Schüler über den Provider schnell – meist schon auf der Startseite – über aktuelle Ereignisse informiert werden. So beginnen Schüler, die oft keine Tageszeitung (oder daraus nur den Sportteil) lesen, sich mit weltpolitischen Ereignissen zu beschäftigen. Im Sinne einer Erziehung zum mündigen Bürger ist es zu begrüßen, wenn sie sich mit den Tagesnachrichten auseinandersetzen. Dies fördert auch die Allgemeinbildung, was letztlich wieder den schulischen Leistungen zugute kommt.
Der Internetzugang ist für Schüler (und ihre Eltern!) (4) auch deshalb wichtig, weil man so die Homepage der eigenen Schule erreichen kann. Dort finden sich oft wichtige Hinweise zu Terminen und Elterninformationen, so dass es in jedem Fall günstig ist, diese Seiten ab und zu zu besuchen. Auch dies kann für Schüler zum täglichen oder wöchentlichen Ritual werden, wenn sie über einen Internetzugang verfügen.
Für die Schülerinnen und Schüler ist das Internet hilfreich, wenn es um die Anfertigung der Hausaufgaben geht. Besonders in den so genannten Lernfächern wie Biologie und Geschichte kann man über das Internet schnell an Sachinformationen kommen, die helfen, die Hausaufgaben zu bewältigen oder Sachverhalte, die man im Unterricht nicht verstanden hat, zu klären. Möglicherweise hilft das Internet damit auch, sich intensiver mit den Unterrichtsinhalten zu beschäftigen, da deren Darstellung dort durch Film und Bilder lebendiger ist als dies im Schulbuch sein kann. (5)
Mit Hilfe des Internets können Schüler aber auch mit Mitschülern Kontakt aufnehmen, z. B. wenn sie selbst die Hausaufgabe nicht lösen können oder sie falsch

> (2) Der Hauptteil der Erörterung beginnt mit dem schwächsten Argument; dies muss auch nicht besonders vertieft behandelt werden.

> (3) Die Überleitung signalisiert, dass „es jetzt zur Sache geht", dass jetzt ein wichtiges Argument folgt.

> (4) Der Zusatz in Klammern verdeutlicht, dass der Internetzugang nicht nur für Schüler, sondern auch für die Eltern wichtig ist – ein Gesichtspunkt, der die Argumentation stärkt.

> (5) In diesem Argument wird sachlich begründet dargelegt, worin der tägliche Nutzen des Internets für die Schülerinnen und Schüler besteht. Die Anbindung an die konkrete Situation „Hausaufgaben" kann auch Eltern überzeugen.

notiert haben. Auch wenn ein Schüler z. B. wegen Krankheit im Unterricht gefehlt hat und den Lernstand und die Hausaufgabe nicht kennt, kann er sich so schnell informieren. Zwar haben sich die Schüler bislang in der Regel schon bei Mitschülern über das Telefon die nötigen Information geholt (6), doch nun gibt es noch bessere und einfachere Möglichkeiten, sich gegenseitig zu helfen. So kann man nun Hefteinträge scannen und an die erkrankten Mitschüler senden oder auch Arbeitsblätter, die im Unterricht ausgegeben wurden.

(6) Bei diesem Argument könnte der Einwand kommen: „Das ging doch auch bisher schon per Telefon." Dieser Einwand wird hier – vorwegnehmend – ausgeräumt und durch Beispiele die Notwendigkeit des Internets gezeigt.

Viele Lehrkräfte nutzen inzwischen das Internet als Möglichkeit, sich nach Schulschluss mit ihren Schülern auszutauschen. Viele Deutschlehrer lassen sich die Übungsaufsätze per E-Mail schicken, korrigieren sie am PC und senden sie an die Schüler zurück, die sie wieder überarbeiten können. Dieses Verfahren ist ohne Internet nicht möglich. Zudem sind die Lehrer über Internet oft auch am Wochenende und während der Ferien erreichbar und können so Tipps zu langfristigen Arbeitsaufträgen geben. (7)

(7) Dieses Argument macht deutlich, dass es heutzutage schon fast eine Selbstverständlichkeit ist, dass Schülerinnen und Schüler über einen Internetanschluss verfügen.

Online-Wörterbücher und -Lexika erhöhen den Wert des Internets für Schüler. Viele Schüler wollen ihr Wissen vertiefen, scheuen aber den oft weiten Weg zur nächsten Bibliothek. Lexika und Wörterbücher, die man zu allen für die Schule relevanten Fremdsprachen im Internet findet, machen diesen Weg überflüssig. Damit können interessierte Schülerinnen und Schüler schnell, meist kostenfrei und problemlos – von ihrem Schreibtisch aus – an die Informationen gelangen, die ihnen gerade wichtig erscheinen. Dies erhöht die Intensität und meist auch die Qualität des Lernens. (8)

(8) Hier sind sinnvolle Hilfsmittel für die Schüler angesprochen, was die Argumentation stützt.

Auch bei der Ausarbeitung eines Referats oder einer umfassenderen Präsentation ist das Internet ein nicht zu unterschätzendes Hilfsmittel. Dort findet man viele Informationen, die man in Bibliotheken mühsam zusammentragen müsste, man findet auch Bilder und Skizzen, die der Veranschaulichung dienen. Mussten Abbildungen bislang aus Büchern entnommen und auf Folie kopiert werden, geht das mit Hilfe des Internets wesentlich einfacher und in besserer Qualität: man kopiert die Bilder einfach in seine eigene Präsentationsseite. (9)

(9) Anhand von konkreten Beispielen wird anschaulich gemacht, dass das Internet heutzutage ein unverzichtbares Arbeitsmittel für alle Schülerinnen und Schüler ist.

Abschließend kann festgestellt werden, dass das Internet zu einem wichtigen Hilfsmittel für Schülerinnen und Schüler geworden ist. Natürlich besteht die Gefahr, dass es bei unsachgemäßem Gebrauch vom Lernen abhält. Meiner Meinung nach bietet es aber viele Möglichkeiten, die für ein zeitgemäßes Lernen unverzichtbar sind. (10)

(10) Im Schlussteil wird noch einmal begründet für das Internet Stellung bezogen.

(35 Minuten)

Selbstbewertungsbogen: Eine lineare Erörterung schreiben

	Anforderungen	**Lösungsqualität**		
	Folgende Bewertungspunkte solltest du erfüllen: **Du hast**	**Höchstpunktzahl**		**Deiner Meinung nach erreichte Punktzahl**
1	die Erörterung - in einem zusammenhängenden Text verfasst, - in Einleitung, Hauptteil und Schluss gegliedert.	 4 4	 **8**	
2	durchgehend auf das Thema bezogen geschrieben	8	**8**	
3	das Argumentationsschema sinnvoll angewandt und den Dreischritt - Behauptung, - Begründung, - Beispiel eingehalten.	 4 4 4	 **12**	
4	in der Einleitung - den Schreibanlass dargelegt, - mit einem gelungenen Einstieg das Interesse des Lesers geweckt.	 3 3	 **6**	
5	im Hauptteil - treffende Argumente vorgebracht, - die Argumente vom schwächsten zum wichtigsten geordnet angeführt, - die Argumente in einen schlüssigen Zusammenhang gebracht, - die Argumente sinnvoll mit Überleitungen verknüpft.	 6 6 6 6	 **24**	
6	im Schluss - die Ergebnisse zusammengefasst, - klar Position bezogen.	 4 4	 **8**	
	Zwischensumme für die inhaltliche Darstellung		**66**	

	Anforderungen	Lösungsqualität		
	Folgende Bewertungspunkte solltest du erfüllen: **Du hast**	**Höchstpunktzahl**		**Deiner Meinung nach erreichte Punktzahl**
7	bei der **sprachlichen Darstellung** – auf vollständige Sätze und abwechslungsreichen Satzbau geachtet, – passende Konjunktionen für gelungene sprachliche Überleitungen gefunden, – auf die wichtigsten Regeln der Rechtschreibung, – die korrekte Grammatik und Zeichensetzung geachtet, – im passenden Tempus (Präsens) geschrieben.	3 3 3 3 2	**14**	
	Summe insgesamt		**80**	

Mein Ergebnis

Punkte	**80–75**	**74–69**	**68–63**	**62–57**	**56–51**	**50–45**	**44–38**	**37–31**	**30–24**	**23–17**	**16–0**
Note	**1**	**1,5**	**2**	**2,5**	**3**	**3,5**	**4**	**4,5**	**5**	**5,5**	**6**

Vorarbeiten

1. Lies den Text mehrmals gründlich, am besten mit Stift, und verschaffe dir Klarheit über folgende Fragen:
   - **Worum** geht es in dem Text?
   - **Welche** Personen kommen vor oder werden genannt?
   - **Wo** und **wann** spielt die Handlung?
2. Halte dann in einem Schreibplan die wichtigsten Erzählschritte fest.

Der Schreibplan

Einleitung (Basissatz):

- Autor: Per Nilsson, Titel: Saras Brieftasche
- Textsorte: Auszug aus dem Jugendroman Du & du & du
- Handlungskern: Anon hat die Brieftasche eines Mädchens mit Namen Sara gefunden, hat sich in dieses verliebt und traut sich deshalb nicht, Sara die Geldbörse zurückzubringen.

Tipp:
In der Einleitung nennst du Autor, Titel und Textsorte und gibst die Kernaussage des Textes wieder.

Hauptteil:

- Anon betrachtet die Brieftasche, die er vor der Mutter verbirgt, als diese abends in sein Zimmer kommt.
- Nachdem die Mutter gegangen ist, nimmt er sich die Brieftasche erneut vor und untersucht ihren Inhalt.
- Er wirft das Bild weg, von dem er glaubt, dass es Saras Bruder zeigt.
- Er verschiebt die Rückgabe der Brieftasche auf später, weil er sich auf dieses Treffen vorbereiten will.
- Dann malt er sich das Zusammentreffen mit Sara aus, das im gegenseitigen Verlieben und in einer Verabredung enden soll.
- Vor dem Einschlafen sieht Anon diesem Zusammentreffen halb freudig, halb unsicher entgegen.

(20 Minuten)

Tipp:
Im Hauptteil fasst du die wesentlichen Handlungsschritte des Textes in eigenen Worten zusammen. Kürze hier, besonders bei längeren Handlungsabläufen, aber achte auf den richtigen zeitlichen Ablauf des Geschehens.

Tipp:
Bei der Inhaltsangabe benötigst du keinen besonderen Schluss. Trotzdem kannst du im letzten Satz eine kurze Schlussfolgerung ziehen.

Hinweise zum Schreiben des Aufsatzes

1. Verwende Sachsprache und vermeide unbedingt Verben und Adjektive, die Spannung erzeugen.
2. Wertungen und deine eigene Meinung gehören nicht in die Inhaltsangabe.
3. Verwende Satzgefüge (Hypotaxen) statt Satzreihen (Parataxen).

Aufsatz

Zusammenfassung des Romanauszugs „Saras Brieftasche" (1)

Per Nilsson erzählt in „Saras Brieftasche", einem Auszug aus seinem Roman „Du & du & du", von dem Jungen Anon, der die Brieftasche eines Mädchens mit Namen Sara gefunden hat, sich in dieses verliebt und sich deshalb nicht traut, ihr die Geldbörse zurückzubringen. (2)

Anon sitzt an seinem Schreibtisch und betrachtet dabei wohl die gefundene Brieftasche, als sein Mutter zu ihm ins Zimmer will, um gute Nacht zu sagen. Er muss seiner Mutter erst von innen aufsperren, was diese zuerst irritiert, sie dann aber ihrem Sohn zugesteht. Als die Mutter wieder weg ist, schließt er sein Zimmer wieder ab und holt die zwischenzeitlich in der Schublade versteckte Geldbörse erneut hervor. (3) Anon versinkt nun in seinen Gedanken über den Inhalt der Brieftasche und ihre Besitzerin: Er erinnert sich, wie er die Brieftasche gefunden hat und beschäftigt sich nicht zum ersten Mal mit ihrem Inhalt. Er betrachtet die Bibliothekskarte, zwei Quittungen und das Foto eines Jungen. Er überlegt, ob es sich um Saras Bruder handeln könne, und weil ihm der Junge unsympathisch ist, zerreißt er das Bild und spült es die Toilette hinunter. Dann gleiten seine Gedanken zu Sara, von der er nicht weiß, wie sie aussieht, deren Name er aber der Bibliothekskarte entnommen hat. Er zögert, ihr die Geldbörse zurückzubringen, obwohl er ihre Adresse kennt. Er möchte sich auf dieses Zusammentreffen gut vorbereiten und malt es sich jetzt schon aus: Sara wird ihn zu sich in die Wohnung bitten, sie werden Rosinenschnecken essen, sich ineinander verlieben und für den nächsten Tag verabreden. (4)

Bevor Anon einschläft, küsst er Saras Bibliothekskarte. Er weiß nicht, wie das irgendwann bevorstehende Treffen ausgehen wird und sieht ihm mit einer Mischung aus Vorfreude und banger Erwartung entgegen. (5)

(25 Minuten)

(1) Die Überschrift einer Textzusammenfassung musst du sachlich formulieren.

(2) In der Einleitung klärst du den Zusammenhang:
- Name des Autors,
- Titel des Textauszugs,
- Titel des Romans, aus dem der Textauszug stammt,
- den Handlungskern in einem Satz.

(3) Verwende Satzgefüge (Hypotaxen), sie sind ein Kennzeichen des hier geforderten Sachstils.

(4) Ausführliche Handlungsteile, die Spannung oder Gefühle ausdrücken, streichst du auf ihre Kernaussage zusammen.

(5) Da die Aufgabenstellung nur die Wiedergabe des Textinhalts fordert, kann der Schluss ganz kurz sein.

Selbstbewertungsbogen: Einen literarischen Text zusammenfassen

	Anforderungen	**Lösungsqualität**		
	Folgende Bewertungspunkte solltest du erfüllen: **Du hast**	**Höchstpunktzahl**		**Deiner Meinung nach erreichte Punktzahl**
1	die Textzusammenfassung - in einem zusammenhängenden Text verfasst, - gedanklich klar gegliedert.	 4 4	 **8**	
2	der Textzusammenfassung eine passende Überschrift gegeben.	4	**4**	
3	im Basissatz (Einleitung) - Autor, - Titel und - Textsorte genannt, - den Handlungskern prägnant herausgearbeitet.	 2 2 2 6	 **12**	
4	im Hauptteil - die wesentlichen Handlungsschritte erfasst, - längere Handlungsabläufe angemessen gekürzt, - die Handlung in logisch verständlichen Schritten wiedergegeben, - Spannung vermieden.	 4 6 6 4	 **20**	
5	die Textzusammenfassung - mit eigenen Worten verfasst, dich dabei aber genau an die Vorlage gehalten, - durchgehend im Sachstil geschrieben, - Hypotaxen und logische Satzverknüpfungen verwendet, - eigene Wertungen und Meinungen vermieden.	 6 6 6 4	 **22**	
	Zwischensumme für die inhaltliche Darstellung		**66**	

	Anforderungen	Lösungsqualität	
	Folgende Bewertungspunkte solltest du erfüllen: **Du hast**	**Höchstpunktzahl**	**Deiner Meinung nach erreichte Punktzahl**
6	bei der **sprachlichen Darstellung** – auf vollständige Sätze und abwechslungsreichen Satzbau geachtet, – wörtliche Rede in indirekter Rede oder als Zusammenfassung wiedergegeben, – auf die wichtigsten Regeln der Rechtschreibung, – die korrekte Grammatik und Zeichensetzung geachtet, – im passenden Tempus (Präsens) geschrieben.	 2 4 3 3 2 **14**	
	Summe insgesamt	**80**	

Mein Ergebnis

Punkte	**80–75**	**74–69**	**68–63**	**62–57**	**56–51**	**50–45**	**44–38**	**37–31**	**30–24**	**23–17**	**16–0**
Note	**1**	**1,5**	**2**	**2,5**	**3**	**3,5**	**4**	**4,5**	**5**	**5,5**	**6**

Vorarbeiten

1. Lies den Text genau, am besten mehrmals, und markiere dabei alle Stellen, in denen Achims Äußeres beschrieben oder sein Wesen charakterisiert wird.
2. Fasse dann deine Beobachtungen in Form einer Stoffsammlung zusammen und sortiere sie nach Oberbegriffen:
   - die äußere Erscheinung der Person
   - ihre Lebensumstände
   - ihr Verhältnis zu den Mitmenschen
   - das Denken und Handeln der Person
3. Erstelle dann mit Hilfe der Oberbegriffe einen Schreibplan.

1. Die Stoffsammlung

Die äußere Erscheinung von Achim
- „lang, knochig, graue Augen im blassen Gesicht, hellbraune Haare, glanzlos" (Z. 13–14)
- „farbloses Gesicht" (Z. 36)

Seine Lebensumstände
- Eintönigkeit, Langeweile: „Achim wandte sich ab, erhob sich, ging zum Fenster und schaute hinaus. Straßen, Häuser, Läden, Autos, Passanten, immer dasselbe." (Z. 16–17)
- Musik gibt ihm Halt: „Eine halbe Körperdrehung nach rechts, ein Fingerdruck auf den Einschaltknopf seiner Anlage. Manchmal brachte Musik ihn hoch." (Z. 10–11)
- Bei seinen Freunden weiß er sich unter Gleichgesinnten: „Er wollte runtergehen und irgendwo seine Leute treffen." (Z. 44)

Sein Verhältnis zu den Mitmenschen
- Aussagen anderer (der Eltern?): „Du kannst nichts", sagten sie, „du machst nichts", „aus dir wird nichts." (Z. 1)

Das Denken und Handeln von Achim
- Selbstzweifel: „Du kannst nichts", sagten sie, „du machst nichts", „aus dir wird nichts." Nichts. Nichts. Nichts.
  Was war das für ein NICHTS, von dem sie redeten und vor dem sie offensichtlich Angst hatten, fragte sich Achim, unter Decken und Kissen vergraben."
  (Z. 1–4)

- Zweifel am Sinn seines Lebens: „Ein unbeschriebenes Blatt Papier, ein ungemaltes Bild, eine tonlose Melodie, ein ungesagtes Wort, ungelebtes Leben." (Z. 7–9)
- Songtext, in dem er sich wiederfindet: „Weil sie dich verplant haben, kannst du nichts anderes tun als aussteigen und nachdenken." (Z. 14–15)
- Sinnsuche, Suche nach einem anderen Ich: Z. 26–34.
- Enttäuschung, Unzufriedenheit mit sich selbst; Achim erträgt sich selbst nicht: „Er trat einen Schritt zurück, holte mit dem Arm weit aus und ließ seine Faust in die Spiegelscheibe krachen." (Z. 38–39).

2. Der Schreibplan

Tipp:
Nenne in der Einleitung Autor und Titel der Textvorlage und beschreibe kurz die Situation der Person, die du charakterisieren sollst.

Einleitung:

- Achim als zentrale Figur der Kurzgeschichte „Im Spiegel" von Margret Steenfatt

Tipp:
Gliedere den Hauptteil nach den Oberbegriffen deines Schreibplans. Veranschauliche deine Darstellung durch direkte oder indirekte Textzitate.

Hauptteil:

Charakterisierung von Achim
- seine äußere Erscheinung
- Achims Lebensumstände
- Verhältnis Achims zu seinen Mitmenschen
- Achims Denken und Handeln

Tipp:
Gib im Schlussteil eine zusammenfassende Bewertung ab.

Schluss:

- Achim als Jugendlicher auf der Suche nach sich selbst

(30 Minuten)

Hinweise zum Schreiben des Aufsatzes

1. Schreibe aus der Sicht eines außenstehenden Beobachters.
2. Schreibe im Sachstil, verwende Hypotaxen (Satzgefüge) und Fachbegriffe.
3. Schreibe im Präsens.

Aufsatz

Charakterisierung Achims

Margret Steenfatt beschreibt in ihrer Kurzgeschichte „Im Spiegel" eine Situation aus dem Leben Achims, die zeigt, dass der Jugendliche mit sich und seinem Leben unzufrieden ist. (1)

Auf die äußere Beschreibung Achims legt die Autorin kein besonderes Gewicht. Der Leser erfährt lediglich einige Merkmale, als sich der Junge selbst beschreibt: „lang, knochig, graue Augen im blassen Gesicht, hellbraune Haare, glanzlos" (Z. 13–14). Später ist noch von seinem „farblosen Gesicht" die Rede (Z. 36). (2)
Auch die Lebensumstände des Jungen werden nur ansatzweise skizziert. Man erfährt, dass es ihm langweilig ist („Achim wandte sich ab, erhob sich, ging zum Fenster und schaute hinaus. Straßen, Häuser, Läden, Autos, Passanten, immer dasselbe."; Z. 16–17), aber nicht, ob er Schüler ist und gerade Ferien hat oder ob er arbeitslos ist. Die Musik scheint ihm Halt zu geben, der genannte Song der ‚Dead Kennedys' scheint sein Lebensmotto auszudrücken: „Weil sie dich verplant haben, kannst du nichts anderes tun als aussteigen und nachdenken." (Z. 14 f.). Überhaupt scheint seine Beziehung zu den Eltern nicht unproblematisch zu sein, wie seine Gedanken zu Beginn der Geschichte zeigen, als er die Eltern mit den Worten „Du kannst nichts … du machst nichts … aus dir wird nichts." (Z. 1) zitiert. (3)
Dieses Nichts, das er in Gedanken dreimal wiederholt (Z. 2) bestimmt sein Denken und Tun in dieser Kurzgeschichte. (4) Er blickt zur Zimmerdecke, die ihm so weiß und leer erscheint wie sein bisheriges Leben (Z. 7–9). Auf der Suche nach sich selbst beginnt er dann sein Spiegelbild zu bemalen (Z. 26–34). Offenbar erträgt er das dabei entstehende Clowngesicht aber so wenig wie seine eigene Situation: Er zerschlägt den Spiegel und wendet sich wieder seinem Leben zu, indem er am Ende der Erzählung im Begriff ist, auf die Straße zu seinen Freunden zu gehen.

Die Kurzgeschichte zeigt Achim als Jugendlichen, der von seiner Umgebung verunsichert und mit seinem Dasein unzufrieden ist. Der Versuch, im wörtlichen Sinn Farbe in sein Leben zu bringen, scheitert und so wendet er sich am Ende wieder seinem Alltag zu, der damit unveränderlich erscheint. (5)

(30 Minuten)

(1) In der Einleitung muss auf den Text Bezug genommen werden, gut ist es auch, kurz auf den thematischen Kern der Erzählung einzugehen.

(2) Die äußere Beschreibung Achims muss kurz ausfallen, da es im Text nur wenige Hinweise gibt.

(3) Auf die Lebensumstände Achims und auf sein Verhältnis zu den Eltern kannst du ausführlicher eingehen. Hier kannst du dich auch an eine erste Deutung der vorgefundenen Kennzeichen wagen.

(4) Auffällig ist die Wiederholung von „Nichts", das einmal sogar in Großbuchstaben erscheint. Diese Textstelle bietet sich als Ausgangspunkt für die Darstellung von Achims Denken und Handeln an.

(5) Im Schlussteil solltest du eine kurze zusammenfassende Bewertung von Achim und seiner Situation abgeben.

Selbstbewertungsbogen: Eine literarische Person charakterisieren

	Anforderungen	Lösungsqualität		
	Folgende Bewertungspunkte solltest du erfüllen: **Du hast**	**Höchstpunktzahl**		**Deiner Meinung nach erreichte Punktzahl**
1	die literarische Charakteristik – in einem zusammenhängenden Text verfasst, – gedanklich klar gegliedert.	 5 5	 **10**	
2	– Sachstil verwendet und – durchgehend aus der Perspektive eines außenstehenden Beobachters geschrieben.	4 4	 **8**	
3	in der Einleitung – den Zusammenhang zwischen der Person Achims und dem literarischen Text hergestellt.	 6	 **6**	
4	im Hauptteil – die äußere Erscheinung Achims beschrieben, – seine Lebensumstände aufgezeigt, – sein Verhältnis zu den Mitmenschen dargestellt, – Auskunft über sein Denken und Handeln gegeben.	 6 6 6 6	 **24**	
5	im Schluss – eine treffende, zusammenfassende Wertung abgegeben.	 6	 **6**	
6	in deinem Aufsatz – die wichtigsten Informationen richtig gebündelt, – sinnvoll zusammengefasst, – deine Darstellung durch direkte oder indirekte Zitatstellen belegt.	 4 4 4	 **12**	
	Zwischensumme für die inhaltliche Darstellung		**66**	

Selbstbewertungsbogen: Eine literarische Person charakterisieren

	Anforderungen	**Lösungsqualität**		
	Folgende Bewertungspunkte solltest du erfüllen: **Du hast**	**Höchstpunktzahl**		**Deiner Meinung nach erreichte Punktzahl**
7	bei der **sprachlichen Darstellung** – auf vollständige Sätze und abwechslungsreichen Satzbau geachtet, – treffende Verben und Adjektive verwendet, – die richtige Zitierweise beachtet, – auf die wichtigsten Regeln der Rechtschreibung, – die korrekte Grammatik und Zeichensetzung geachtet, – im passenden Tempus (Präsens) geschrieben.	 3 2 3 2 2 2	**14**	
	Summe insgesamt		**80**	

Mein Ergebnis

Punkte	**80–75**	**74–69**	**68–63**	**62–57**	**56–51**	**50–45**	**44–38**	**37–31**	**30–24**	**23–17**	**16–0**
Note	**1**	**1,5**	**2**	**2,5**	**3**	**3,5**	**4**	**4,5**	**5**	**5,5**	**6**

Vorarbeiten

1. Lies zuerst das Gedicht genau, möglichst mehrmals, und finde heraus, um was es geht.
2. Untersuche dann den Aufbau des Gedichts:
   - Anzahl der Verse und Strophen,
   - Versmaß,
   - Endreimschema.
3. Untersuche anschließend die sprachlichen Gestaltungsmittel des Gedichts, z. B.:
   - Wiederholungen,
   - Ausrufe,
   - variierter Refrain,
   - die Verwendung von Nomen (Substantiven) und Adjektiven.
4. Überlege dir dann ein Thema für dein Parallelgedicht und halte deine Ideen in einer Stoffsammlung fest.

Untersuchung zum Aufbau des Gedichts

BAUFORM	C. F. Meyer Schwüle	END- REIM
4 Strophen mit je 4 Versen Versmaß: vierhebiger Trochäus Endreim: Paarreim	Trüb verglomm der schwüle Sommertag, Dumpf und traurig tönt mein Ruderschlag – Sterne, Sterne – Abend ist es ja – Sterne, warum seid ihr noch nicht da? Bleich das Leben! Bleich der Felsenhang! Schilf, was flüsterst du so frech und bang? Fern der Himmel und die Tiefe nah – Sterne, warum seid ihr noch nicht da? Eine liebe, liebe Stimme ruft Mich beständig aus der Wassergruft – Weg, Gespenst, das oft ich winken sah! Sterne, Sterne, seid ihr nicht mehr da? Endlich, endlich durch das Dunkel bricht – Es war Zeit! – ein schwaches Flimmerlicht – Denn ich wusste nicht wie mir geschah. Sterne, Sterne, bleibt mir immer nah!	a a b b c c b b d d b b e e b b

Sprachliche Gestaltungsmittel

Im Gedicht von Conrad Ferdinand Meyer befindet sich das lyrische Ich in einer belastenden Situation. Die Adjektive „trüb", „dumpf" und „traurig" weisen darauf schon in der ersten Strophe hin. Diese Grundstimmung des Gedichts steigert sich bis zur dritten Strophe, wo sogar der Gedanke an Selbstmord anklingt („ruft ... Wassergruft"). In der vierten Strophe beruhigt sich das lyrische Ich unter dem Eindruck der erscheinenden Sterne.

(25 Minuten)

Tipp:

Die negative Grundstimmung des Gedichts legt es nahe, eine heitere Parallelfassung zu schreiben. Das betrifft sowohl die Thematik, die aus deinem eigenen Erleben stammen sollte, als auch die Wortwahl. Fröhlich klingende Adjektive könnten diese Wirkung unterstützen.

Hinweise zum Schreiben des Parallelgedichts

1. Schreibe dein Gedicht, halte dich dabei aber möglichst genau an Bauform und Gestaltungsmittel des vorliegenden Gedichts. Verwende an wichtigen Textstellen eigene Worte.
2. Übernimm die Strophen- und Versgliederung der Vorlage.
3. Ersetze die Wörter oder Verse durch eigene, neu gewählte, mit deren Hilfe du dein Parallelgedicht gestalten willst.
4. Schreibe nun dein Parallelgedicht auf, ahme dabei die Vorlage in der Form nach.
5. Finde für dein Gedicht eine passende Überschrift und setze sie über das Gedicht.

Das Parallelgedicht

Ferien (1)

Trüb verging der lange Schulalltag,
Der Lehrer keift, den ich nicht mag,
Ferien, Ferien – Sommer ist es ja –
Ferien, warum seid ihr noch nicht da? (2)

Hart das Leben, hart die Schulbank,
Lehrer was schreist du, es macht mich krank,
Fern die Freiheit und die Pflicht ist nah,
Ferien, warum seid ihr noch nicht da? (3)

Eine böse, böse (4) Stimme lockt,
Ich erwach total geschockt,
Weg, die Schule, in die ich täglich muss,
Ferien, Ferien ich erwarte euch mit Genuss.

Noch ein paar Tage, dann ist's Zeit,
Denn ich bin schon lang für die Ferien bereit,
Der letzte Schulgong tönt ganz klar,
Ferien, Ferien jetzt seid ihr endlich da. (5)

(20 Minuten)

(1) Der neue Gedichttitel besteht ebenfalls nur aus einem Wort – einem Nomen/Substantiv, das die veränderte Aussage andeutet.

(2) Die Grundstruktur des Ausgangsgedicht bleibt erhalten: z. B. die Anzahl der Strophen und Verse, das Versmaß (soweit das möglich ist) sowie die Satzgestaltung.

(3) Die refrainartig wiederkehrenden letzten Verse einer Strophe werden ähnlich dem Ausgangsgedicht beibehalten bzw. nur geringfügig abgeändert.

(4) Der Stimmung des Gedichts entsprechend werden Adjektive verändert, z. B. in ihr Gegenteil verkehrt.

(5) Der Schluss des Gedichts orientiert sich am Ausgangsgedicht, die Aussage entspricht jedoch der neuen Fassung.

Selbstbewertungsbogen: Ein Parallelgedicht schreiben

	Anforderungen	**Lösungsqualität**		
	Folgende Bewertungspunkte solltest du erfüllen: **Du hast**	**Höchstpunktzahl**		**Deiner Meinung nach erreichte Punktzahl**
1	das Parallelgedicht – in Strophen und – Verse gegliedert und dabei – die Bauform der literarischen Vorlage beachtet, – gedanklich klar gegliedert.	 4 4 4 4	**16**	
2	dem Gedicht einen passenden Titel gegeben.	4	**4**	
3	durchgehend aus der Perspektive des lyrischen Ich geschrieben.	4	**4**	
4	den Wendepunkt in der vierten Strophe erkannt, übernommen und angemessen gestaltet, indem du den Stimmungsumschwung ausgedrückt hast.	10	**10**	
5	die formalen Aspekte beachtet: – das Versmaß nachgeahmt, – den Endreim übernommen oder angemessen abgeändert.	 4 4	**8**	
6	die inhaltlichen Aspekte beachtet: – die düstere Grundstimmung beibehalten oder in eine heitere verwandelt, – diese Entwicklung schlüssig hergeleitet, – eine neue Situation glaubwürdig und in sich stimmig dargestellt.	 4 4 6	**14**	
7	die sprachlichen Aspekte beachtet: – Wiederholungen, – Refrain und – Ausrufe verwendet.	 4 4 4	**12**	
	Zwischensumme für die inhaltliche Darstellung		**68**	

	Anforderungen	Lösungsqualität	
	Folgende Bewertungspunkte solltest du erfüllen: **Du hast**	**Höchstpunktzahl**	**Deiner Meinung nach erreichte Punktzahl**
8	bei der **sprachlichen Darstellung** – auf zur Vorlage passende Sätze geachtet, – zur Grundstimmung deines Gedichts passende Wörter (vor allem Adjektive) verwendet, – auf die Regeln der Rechtschreibung, – die korrekte Grammatik und Zeichensetzung geachtet, – im passenden Tempus (Präteritum/Präsens) geschrieben.	 3 3 2 2 2 **12**	
	Summe insgesamt	**80**	

Mein Ergebnis

Punkte	80–75	74–69	68–63	62–57	56–51	50–45	44–38	37–31	30–24	23–17	16–0
Note	1	1,5	2	2,5	3	3,5	4	4,5	5	5,5	6

Vorarbeiten

1. Lies die Geschichte genau und markiere wichtige Erzählschritte.
2. Untersuche die Geschichte im Hinblick auf:
   - Thema,
   - Handlungsverlauf,
   - Charaktere der Figuren,
   - Personenkonstellation,
   - Sprache.

   Beachte, dass du dich zu diesen Aspekten nicht schriftlich äußern musst; sie müssen dir allerdings vertraut sein, da du sie in deinem Tagebucheintrag berücksichtigen sollst.
3. Erstelle dann einen Schreibplan, in welchem du die wichtigsten Aspekte des Tagebucheintrags festhältst.

Der Schreibplan

Einleitung:

Grund für den Tagebucheintrag

Hauptteil:

Reflexion des Gesprächs:
- Der Vater hat den blauen Brief gefunden.
- Der Sohn wollte diesen noch abfangen, um die Eltern darauf vorbereiten zu können.
- Der Vater droht dem Sohn mit der Hauptschule und wirft ihm vor, dass er faul sei.
- Der Sohn reflektiert diesen Vorwurf und kommt – teilweise – zu einem anderen Ergebnis.
- Der Sohn wird laut und ausfallend, als der Vater ihm vorschlägt, in ein Internat zu wechseln.
- Der Sohn denkt über sein Verhalten nach.
- Die Mutter kommt hinzu und beruhigt die Situation.
- Die Stimmung des Sohns hellt sich beim Tagebuchschreiben wieder auf.

Tipp:

Gliedere den Hauptteil in Sinnabschnitte. Setze dich dabei Schritt für Schritt mit dem Gespräch mit den Eltern auseinander. Kommentiere es und schreibe deine Gedanken dazu nieder. Fülle die Leerstellen des Textes sinnvoll (dazu musst du Unausgesprochenes, aber Mögliches in deinen Text einfließen lassen).

Schluss:

Folgerungen aus dem Gespräch

(20 Minuten)

Aufsatz

War das heute ein Abend!

Das Gespräch mit meinem Vater eben war schon heftig. Will er mich wirklich in ein Internat stecken? Ich weiß es nicht, ich bin jetzt ganz wirr im Kopf. (1)

Eigentlich hat der Abend ganz friedlich angefangen, mit Lesen bei Ma im Arbeitszimmer. Als mein Vater kam, habe ich ihm sofort angesehen, dass etwas nicht stimmt. Und als er mich dann zu dem Gespräch ins Wohnzimmer mitnahm, war klar, dass er nicht vor Ma mit mir reden wollte. Und dann rückte er raus (2): Der blaue Brief! Ich bin ja mächtig erschrocken, dass er schon Bescheid weiß. Dabei habe ich noch gehofft, ich könnte den Brief abfangen – nicht verschwinden lassen, das hätte sowieso keinen Sinn, aber eben ein paar Tage zurückhalten, solange, bis ich meinen Eltern schonend hätte beibringen können, dass ich in Mathe, Chemie und Physik auf 5 stehe. Ich habe gehofft, Mutter hätte Verständnis. Sie weiß ja, dass ich in den Naturwissenschaften nicht gut bin. Deutsch, das liegt mir, da habe ich eine 2. Das ist wohl ein Gen von Mutter, sie schreibt ja auch Bücher, Jugendromane. (3) Aber nun hat Vater den blauen Brief gefunden. Das ist Schicksal.
Doch dass er mir dann mit der Hauptschule gedroht hat, obwohl ich sagte, ich würde das Schuljahr schon noch schaffen, das war schon der erste Hammer.
Und dann wirft er mir indirekt auch noch vor, dass ich dumm bin! Faul ja, das hätte ich zugegeben. Ich weiß, dass ich faul bin, aber auch nur in den Naturwissenschaften. In Deutsch, Englisch und Französisch klappts prima, ich bin eben einseitig begabt. Und die Sprachen machen mir ja auch Spaß, das weiß auch mein Vater, da arbeite ich viel, in den Sprachen bin ich überhaupt nicht faul. Und dann hat er voll ausgepackt: Internat! Ich soll auf ein Internat! Wozu denn? Da werde ich auch nicht besser. Aber Vater hats leichter. Keine Verantwortung mehr für mich. Die kann er ja dann auf das Internat abschieben. (4) Ich bin immer noch wütend, wenn ich daran denke.
Dann habe ich wohl ungeschickt reagiert. Ich würde doch nie jemand umbringen, nicht einmal abhauen. Aber was sollte ich denn sagen?
Inzwischen war Mutter dazugekommen, wahrscheinlich hat sie mich schreien gehört. Und als sie erfuhr, was Vater mir angedroht hat, war sie auch alles andere als begeistert. Damit war das Thema Internat eigentlich vom Tisch, denn am Ende meinte Vater nur, ich solle viel für die Schule tun und ich dürfe die Klasse nicht wiederholen.

(1) In der Einleitung musst du den Bezug zum vorangegangenen Gespräch deutlich machen.

(2) Umgangssprachliche Wendungen wie „rückte er raus" sind im Tagebuch eines Jugendlichen erlaubt. Das ist aber nicht immer so: Sollst du z. B. aus der Perspektive einer älteren oder sozial höher stehenden Person schreiben, musst du deren Stil nachahmen. Insgesamt ist es wichtig, dass der Tagebucheintrag authentisch wirkt.

(3) Der Hinweis auf die schriftstellerische Tätigkeit der Mutter ist erfunden, er geht nicht auf den Romanauszug zurück. Indem du aber derartige Zusatzinformationen einfügst – die natürlich in sich schlüssig sein müssen – zeigst du, dass du dich mit dem literarischen Text auseinandergesetzt hast.

(4) Auch diese Begründung für die Idee des Vaters, Moon in ein Internat zu geben, ist Spekulation. Genau das macht aber die Qualität des Tagebucheintrags aus: Der Tagebuchschreiber überlegt, wie etwas Gesagtes gemeint sein könnte.

Wenn ich es mir so recht überlege, ist es das, was ich sowieso tun wollte: viel lernen. Schon allein, damit ich in den Ferien mit ins Zeltlager gehen kann. In Chemie und Physik, da habe ich echt Chancen noch bis zum Schuljahresende auf die 4 zu kommen. Die eine 5 in Mathe krieg ich nie weg – aber wegen der falle ich nicht durch. Eigentlich eine ganz klare Sache und gar keine Aufregung wert. War nur blöd, dass Vater den blauen Brief gefunden hat. (5)

(5) Der Schlussteil rundet den Tagebucheintrag ab: In diesem Fall zieht der Tagebuchschreiber ein Resumee und bezieht sich noch einmal auf den Auslöser des Streits, den blauen Brief.

(25 Minuten)

Selbstbewertungsbogen: Einen Tagebucheintrag verfassen

	Anforderungen	**Lösungsqualität**		
	Folgende Bewertungspunkte solltest du erfüllen: **Du hast**	**Höchstpunktzahl**		**Deiner Meinung nach erreichte Punktzahl**
1	den Tagebucheintrag - in einem zusammenhängenden Text verfasst, - gedanklich klar gegliedert.	 4 4	 **8**	
2	dem Tagebucheintrag eine passende Überschrift gegeben.	4	**4**	
3	durchgehend aus der Perspektive des Sohns geschrieben.	4	**4**	
4	mit der Einleitung - sinnvoll an den literarischen Text angeknüpft, - einen stimmigen Grund für den Tagebucheintrag angegeben.	 4 4	 **8**	
5	im Hauptteil - die wesentlichen Inhalte und - den Verlauf des Gesprächs wiedergegeben, - wichtige Gesprächsinhalte sinnvoll kommentiert und - durch eigene Gedanken ergänzt, - schlüssige Zusatzinformationen eingefügt.	 4 4 4 4 4	 **20**	
6	im Schluss - das Gespräch treffend zusammengefasst, - ein passendes Resümee gezogen, - den Gesprächsanlass noch einmal aufgenommen.	 4 4 4	 **12**	
7	dem Tagebucheintrag - durch seinen Inhalt, - durch die verwendete Wortwahl und - durch die Satzgestaltung eine authentische Wirkung verliehen.	 4 4 4	 **12**	
	Zwischensumme für die inhaltliche Darstellung		**68**	

	Anforderungen	Lösungsqualität		
	Folgende Bewertungspunkte solltest du erfüllen: **Du hast**	**Höchstpunktzahl**		**Deiner Meinung nach erreichte Punktzahl**
8	bei der **sprachlichen Darstellung** - auf vollständige Sätze und abwechslungsreichen Satzbau geachtet, - wörtliche Rede in indirekter Rede oder als Zusammenfassung wiedergegeben, - auf die wichtigsten Regeln der Rechtschreibung und - die korrekte Grammatik und Zeichensetzung geachtet, - im passenden Tempus (Präteritum/Präsens) geschrieben.	 2 2 3 3 2	**12**	
	Summe insgesamt		**80**	

Mein Ergebnis

Punkte	80–75	74–69	68–63	62–57	56–51	50–45	44–38	37–31	30–24	23–17	16–0
Note	1	1,5	2	2,5	3	3,5	4	4,5	5	5,5	6

Vorarbeiten

1. Lies die Kurzgeschichte genau, möglichst zwei- bis dreimal, am besten mit dem Stift.
2. Untersuche die Bereiche, die in der Aufgabenstellung gefordert sind: Inhalt, Form und Sprache.
3. Überlege zum Inhalt:
   - Worum geht es? Welche Personen kommen vor? Was erfährt man über sie? Wo spielt die Handlung? Welchen Verlauf nimmt sie?
4. Überlege zur Form:
   - Wer erzählt die Geschichte? Gibt es einen Ich-Erzähler, einen allwissenden oder einen neutralen Erzähler? Gibt es eine Einleitung und/oder einen Schluss? Kann man verschiedene Erzählschritte erkennen?
5. Überlege zur Sprache:
   - Gibt es Schlüsselwörter? Worauf deuten sie hin? Welche Stilebene liegt vor? Ist der Text oder Teile davon in Hoch- oder in Umgangssprache verfasst? Welche sprachlich-stilistischen Mittel sind auffällig? Was lässt sich über die Satzgestaltung bzw. die Satzarten aussagen?
6. Arbeite eine Gliederung/einen Schreibplan aus und ordne die Inhalte zu, die in Einleitung, Hauptteil und Schluss gehören.

1. Textuntersuchung

Überlegungen zum Inhalt

	Inhalt
Wer?	Zwei Brüder – der jüngere heißt Andreas – und ihr Vater, der deutlich zeigt, dass er seine Ruhe will.
Was?	Die Brüder streiten so lange um einen Schlitten, bis der jüngere von beiden in den Bach fällt.
Wo?	Im Garten, der zum Wohnhaus gehört und durch den ein Bach fließt.
Welchen Verlauf nimmt die Handlung?	Sie steigert sich bis zum Höhepunkt, als der jüngere Bruder ins Wasser fällt, worauf der Vater aber nicht reagiert.

Überlegungen zur Form

	Aufbau/Form
Wer erzählt die Geschichte?	Ein außenstehender, neutraler Erzähler.
Gibt es eine Einleitung und/oder einen Schluss?	Die Kurzgeschichte springt mitten in das Geschehen hinein (= offener Anfang). Ein Schluss fehlt (= offenes Ende).
Sind verschiedene Erzählschritte zu erkennen?	Die Handlung steigert sich zum Höhepunkt und wird immer wieder durch das Auftreten des Vaters unterbrochen.

Überlegungen zur Sprache

	Sprache
Gibt es Schlüsselwörter?	Das wiederholte „Wer brüllt, kommt rein“ des Vaters hat die Funktion eines Schlüsselsatzes, der öfter wiederholt wird.
Worauf deuten sie hin?	Der Satz drückt das Desinteresse des Vaters an seinen Söhnen aus.
Hoch- oder Umgangssprache?	Alltagssprache mit umgangssprachlichen Wendungen.
Welche auffälligen sprachlich-stilistischen Mittel gibt es?	Wiederholungen
Satzgestaltung?	Kurze Sätze, Parataxen

2. Der Schreibplan

Einleitung:

- Autorin: Helga M. Novak
- Titel: Schlittenfahren
- Textart: Kurzgeschichte
- Zwei Brüder streiten sich solange um einen Schlitten, bis einer in den Bach im Garten fällt – Vater will nur seine Ruhe, kümmert sich nicht – nimmt nicht wahr, das der jüngere Sohn in den Bach stürzt.

Tipp:

In der Einleitung formulierst du die Kernaussage (worum geht es?) des Textes und nennst Titel, Textart und Verfasser/in.

Hauptteil:

- Untersuchungen zum Inhalt
- Untersuchungen zur Form
- Untersuchungen zur Sprache

Tipp:

Wichtige sprachliche Beobachtungen am Text musst du in deiner Analyse mit Beispielen (Zitate in Anführungszeichen, mit Zeilenangabe) belegen.

Schluss:

Stellungnahme und Wertung
- Text geht über das bloße Geschehen hinaus, zeigt die gestörte Kommunikation zwischen Eltern und Kindern.

Tipp:

Im Schluss darfst du auch deine eigene Meinung zu der Kurzgeschichte einbringen.

Hinweise zum Schreiben des Aufsatzes

1. Schreibe im Präsens.
2. Schreibe sachlich und gebrauche Fachbegriffe wo möglich.
3. Achte auf einen abwechslungsreichen Satzbau und vermeide Wortwiederholungen und Rechtschreibfehler!

(30 Minuten)

Aufsatz

Analyse der Kurzgeschichte „Schlittenfahren“ von Helga M. Novak (1)

Die Kurzgeschichte „Schlittenfahren“ von Helga M. Novak handelt von zwei Brüdern, die im elterlichen Garten spielen und sich dabei so lange um den Schlitten streiten, bis der Jüngere in den Bach fällt, der durch den Garten fließt. (2)

Zwei Brüder – nur von dem Jüngeren ist der Name bekannt, er heißt Andreas – rodeln im Garten ihres Elternhauses. Dabei kommt es zu einer Streiterei um den Schlitten, weil der Größere diesen dem Kleineren wegnehmen will. Als der jüngere Bruder zu schreien beginnt, kommt ein Mann aus dem Haus, der Vater der beiden, wie sich später herausstellt. Aber anstatt schlichtend einzugreifen, meint er nur, dass derjenige, der schreie, ins Haus kommen müsse (Z. 10). Seine umgangssprachliche Äußerung gibt er im Befehlston; auf das Problem seiner Söhne geht er nicht ein. (3)
Nachdem der Vater ins Haus zurückgegangen ist, beginnt das Spiel und mit ihm der Streit von neuem. Wieder kommt der Vater aus dem Haus, wieder kümmert er sich nicht um das, was die Kinder bewegt, wieder droht er, dass der, der schreie, reinkommen müsse. Diese Szene wiederholt sich noch dreimal, (4) wobei der Streit der Brüder immer heftiger wird; die Reaktion des Vaters sich aber in seiner Redefloskel erschöpft, die ohne Folgen bleibt. Am Ende der Geschichte ruft der ältere Bruder nach dem Vater, weil der jüngere in den Bach gefallen ist. Doch der Vater öffnet die Tür nur noch „einen Spalt breit“ (Z. 32), er lässt sich nicht mehr sehen und man vernimmt nur noch die altbekannten Worte. Damit endet die Geschichte.
In dieser Kurzgeschichte gibt es keine Einleitung, der Leser wird unmittelbar ins Geschehen versetzt. (5) Auch der Schluss lässt offen, was mit Andreas passiert, nachdem er in den Bach gestürzt ist. Im Zentrum stehen der Streit der Kinder und die genervte Reaktion des Vaters. Der gleichförmige Ablauf des Geschehens und die stereotypen Reaktionen des Vaters mit dem Schlüsselsatz „Wer brüllt, kommt rein“ (z. B. Z. 6, 10, 14, 16, 28 f., 33) werden in kurzen Sätzen wiedergegeben, die der Alltags- und Umgangssprache entnommen sind und deshalb lebensecht wirken. Die kurzen Sätze folgen unverbunden, fast abgehackt aufeinander. So spiegelt die Sprache auch die Beziehungslosigkeit des Vaters zu seinen Kindern. Die Geschichte, in der wörtliche Rede nicht durch Anführungszeichen kenntlich gemacht wird, wirkt wie das Protokoll eines Außenstehenden, was durch die Perspektive des neutralen Erzählers verstärkt wird. Diese Erzählperspektive kommentiert und bewertet das Dargestellte nicht, so dass es für sich wirkt und den Leser nachdenklich stimmt.

(1) Wähle eine sachliche und informative Überschrift, da es sich bei der Textanalyse um eine sachliche Aufsatzform handelt.

(2) Im Einleitungssatz nennst du Autorin, Titel, die Textsorte sowie den Handlungskern.

(3) Bei der Zusammenfassung muss wörtliche Rede in Form der indirekten Rede wiedergegeben werden.

(4) An dieser Stelle bietet es sich an, die Wiedergabe der Handlung zu raffen, um zu verhindern, dass eine Nacherzählung entsteht.

(5) Hier beginnt die Analyse der Kurzgeschichte, die begründete Aussagen zur Form und zur Sprache verlangt. Bei dieser Untersuchung müssen die Ergebnisse der Vorarbeiten intensiv in die Darstellung einbezogen werden.

Abschließend ist festzustellen, dass es in dieser Kurzgeschichte nur vordergründig um das Spiel der Kinder, ihren Streit und die Reaktionen des Vaters geht. Das Entscheidende ist der Eindruck, der beim Leser zurück bleibt: Dem Vater sind die Kinder und ihr Verhalten lästig, sie rufen ihn zwar immer wieder um Hilfe an, er hört ihnen aber gar nicht zu. Nur so ist zu erklären, dass er am Ende nicht reagiert, als sein jüngerer Sohn in den Bach gefallen ist. Das Thema dieser Kurzgeschichte ist also das gestörte Verhältnis zwischen Kindern und gleichgültigen Eltern, die ihre Kinder nur als lästiges Anhängsel wahrnehmen. (6)

(6) Für den Schlussteil wurde hier eine zusammenfassende Interpretation der Kurzgeschichte gewählt.

(30 Minuten)

Selbstbewertungsbogen: Eine Kurzgeschichte untersuchen

	Anforderungen	**Lösungsqualität**		
	Folgende Bewertungspunkte solltest du erfüllen: **Du hast**	**Höchstpunktzahl**		**Deiner Meinung nach erreichte Punktzahl**
1	die Textuntersuchung - in einem zusammenhängenden Text verfasst, - in Einleitung, Hauptteil und Schluss gegliedert.	 5 5	 **10**	
2	die Überschrift sachlich formuliert.	2	**2**	
3	in der Einleitung die grundlegenden Informationen gegeben.	6	**6**	
4	im Hauptteil aus inhaltlicher Sicht - den Inhalt klar zusammengefasst, - die Personen genannt und ihr Handeln erläutert, - den Ort des Geschehens angemessen in deine Untersuchung einbezogen.	 4 4 4	 **12**	
5	im Hauptteil formale Merkmale wie - offenen Anfang und offenen Schluss erkannt, - den Standpunkt des Erzählers herausgearbeitet, - die Bauform der Kurzgeschichte beschrieben.	 4 4 4	 **12**	
6	im Hauptteil sprachliche Elemente wie - Schlüsselwörter oder Schlüsselsätze, - die Sprachebene des Textes und - sprachlich-stilistische Mittel erkannt und genau beschrieben.	 2 2 2	 **6**	
7	- im Schlussteil die Textuntersuchung sinnvoll zusammengefasst.	6	**6**	
8	in der Textuntersuchung - Schlüsselwörter und Schlüsselsätze zutreffend gedeutet, - deine sprachlichen Beobachtungen mit passenden Zitaten belegt, - durchgehend im Sachstil geschrieben.	 4 4 4	 **12**	
	Zwischensumme für die inhaltliche Darstellung		**66**	

	Anforderungen	**Lösungsqualität**	
	Folgende Bewertungspunkte solltest du erfüllen: **Du hast**	**Höchstpunktzahl**	**Deiner Meinung nach erreichte Punktzahl**
9	bei der **sprachlichen Darstellung** – auf vollständige Sätze und abwechslungsreichen Satzbau geachtet, – treffende Verben und Adjektive verwendet, – auf die wichtigsten Regeln der Rechtschreibung, – die korrekte Grammatik und Zeichensetzung geachtet, – im passenden Tempus (Präsens) geschrieben.	 3 2 3 4 2 **14**	
	Summe insgesamt	**80**	

Mein Ergebnis

Punkte	80–75	74–69	68–63	62–57	56–51	50–45	44–38	37–31	30–24	23–17	16–0
Note	1	1,5	2	2,5	3	3,5	4	4,5	5	5,5	6

Teil 1: Texte lesen und verstehen

Aufgabe 2

Textabschnitte zusammenfassen

Bewertung:
5 Punkte,
je Textabschnitt 1 Punkt

Abschnitt 1:
Die Schüler der METI-Schule helfen sich gegenseitig, die Lehrer greifen nur ein, wenn die Kinder selbst nicht weiterkommen.

Abschnitt 2:
Den Schülern der METI-Schule macht der Unterricht Spaß, besonders in Mathematik, weil sie dort lernen können ohne die Angst, wie in ihrer früheren Schule geschlagen zu werden.

Abschnitt 3:
Weil die Lehrer der Meinung sind, dass die Schüler besser lernen, wenn sie sich wohlfühlen, ist die METI-Schule ansprechend ausgestattet und bietet auch Rückzugsräume zum Lesen und für Gruppenarbeiten.

Abschnitt 4:
Die meisten Eltern im Dorf sind Reisbauern und haben keinen schulischen Abschluss.

Abschnitt 5:
Die Schüler der METI-Schule sehen der Abschlussprüfung gelassen entgegen und haben keinen Zweifel daran, dass sie diese bestehen.

Aufgabe 3

Textzusammenfassung

Bewertung:
5 Punkte, je vollständigem und in sinnvollem Zusammenhang stehenden Satz 1 Punkt

Die METI-Schule im Norden von Bangladesh ist anders als andere Schulen: Weil die Lehrer der Meinung sind, dass die Schüler besser lernen, wenn sie sich wohlfühlen, ist die METI-Schule ansprechend ausgestattet und bietet auch Rückzugsräume zum Lesen und für Gruppenarbeiten. Den Schülern der METI-Schule macht der Unterricht Spaß, besonders in Mathematik, weil sie dort lernen können ohne Angst zu haben, wie in ihrer alten Schulke geschlagen zu werden. Sie helfen sich gegenseitig, die Lehrer greifen nur ein, wenn die Schüler selbst nicht weiterkommen. Während die meisten Eltern im Dorf Reisbauern sind und keinen schulischen Abschluss haben, sehen die Schüler der METI-Schule der Abschlussprüfung gelassen entgegen und haben keinen Zweifel daran, dass sie diese bestehen.

Teil 2: Sprachkompetenz

Aufgabe 4

Sprachlichen Ausdruck verbessern

Bewertung:
4 Punkte

In Deutschland gibt es seit Anfang des 19. Jahrhunderts die allgemeine Schulpflicht; sie wurde zuerst 1807 in Preußen **eingeführt**.
Das Ziel war, den Staatsbürgern wichtige Grundfertigkeiten zu vermitteln, z. B. Lesen und Schreiben. Das war nötig, um die Bürger am Fortschritt teilhaben zu lassen und aus ihnen **brauchbare** Arbeiter, die dann auch in Industriebetrieben eingesetzt wurden, zu machen. Heute ist es **unvorstellbar**, dass ein Kind nicht zur Schule geht und ein Erwachsener sich Texte vorlesen lassen muss, weil er selbst nie Lesen **gelernt** hat.

Aufgabe 5

Antonyme finden

Bewertung:
3 Punkte

a) Die **meisten** Schulen in Deutschland sind staatliche Schulen.
b) Ganztagschulen sind eher **selten** anzutreffen.
c) Der **Vorsprung** ist kaum noch aufzuholen.

Aufgabe 6

Kommas setzen

Bewertung:
5 Punkte

Im antiken Athen begann der schulische Alltag für Kinder mit etwa sechs Jahren – allerdings nur für die Jungen, die Mädchen wurden zu Hause in den alltäglichen Dingen unterrichtet. Doch auch der Schulunterricht war nicht akademisch-abstrakt; ganz im Gegenteil: Im Mittelpunkt der Erziehung stand der Sport. Die Knaben sollten tüchtige Kämpfer werden, keine Gefahr oder Anstrengung scheuen, aber dabei auch den Intellekt ausbilden. Sie mussten lesen, schreiben und weite Teile aus den homerischen Epen auswendig lernen. Homer gilt heute als Erzieher der griechischen Jugend in der Antike und wirklich dienten seine Werke dazu, den Charakter der Heranwachsenden zu bilden und ihr Wertebewusstsein in die gewünschte Richtung zu lenken. Eine wichtige Rolle spielte auch die musische Bildung: Deshalb mussten die Schüler auch das Spiel auf der Leier und Flöte erlernen.

Teil 3: Grammatik

Aufgabe 7

Aktiv – Passiv

Bewertung:
3 Punkte

a) In der METI-Schule werden die Schüler von ihren Lehrern unterstützt.
b) Die Themen werden von den Schülern gemeinsam im Unterricht diskutiert.
c) An traditionellen Schulen helfen die Lehrer den Schülern nicht.

Aufgabe 8

In die indirekte Rede umformen

Bewertung:
3 Punkte

a) Lehrer Rogon Roy lobt die Jungen, sie hätten ihre Sache gut gemacht.
b) Poritosh meint, die Frage sei nicht, ob sie bestünden, sondern wie gut.
c) Poritosh sagt, er möchte später Ingenieur werden.

Aufgabe 9

In den Konjunktiv II umformen

Bewertung:
3 Punkte

a) Subraoto erzählt, die Lehrer hätten ihnen nicht geholfen, sie hätten sie nur geschimpft.
b) Subraoto sagt, sie wären bestens vorbereitet.
c) Subraoto erzählt, sie hätten ständig Schläge erhalten.

Aufgabe 10

Modalverben finden und unterstreichen

Bewertung:
3 Punkte, je richtig gefundenem Modalverb 1 Punkt

a) In vielen Schulen in Bangladesh werden Kinder geschlagen, wenn sie etwas nicht verstanden haben.
b) In der METI-Schule dürfen sie fragen.
c) Wenn sie dort etwas lernen wollen, finden sie günstige Voraussetzungen vor.
d) Die Klassenzimmer sind ansprechend gestaltet, die Schüler können sich auch in Höhlen zurückziehen.
e) Es gibt auch einen Hochsitz aus Bambus.

Mein Ergebnis

Punkte	34–31	30–27	26–24	23–21	20–18	17–15	14–12	11–9	8–6	5–3	2–0
Note	1	1,5	2	2,5	3	3,5	4	4,5	5	5,5	6

Teil 1: Texte lesen und verstehen

Aufgabe 2

Überschriften finden

Bewertung:
6 Punkte, je richtige Teilaufgabe 1 Punkt

2. Abschnitt (Z. 11–21)	3. Abschnitt (Z. 22–32)	4. Abschnitt (Z. 33–38)
× Eine Hotelkette will ein Hotel auf dem Mond bauen.	○ 18 Firmen haben ein wiederverwendbares Weltraummobil entwickelt.	○ 2002 flogen die ersten Touristen ins All.
○ In 15 Jahren wird es ein Hotel auf dem Mond geben.	○ Für 10 Millionen Dollar wurde ein wiederverwendbares Weltraummobil entwickelt.	× Die Flugtickets kosten 98 000 Dollar.
○ Der Millenium-Dome wird in 15 bis 20 Jahren fertig sein.	× Ein wiederverwendbares Weltraummobil soll entwickelt werden.	○ Die Flugtickets kosten 980 000 Dollar.
5. Abschnitt (Z. 39–49)	**6. Abschnitt (Z. 50–55)**	**7. Abschnitt (Z. 56–62)**
○ Professor David Peake hält das Projekt für niemals finanzierbar.	○ Für die Gäste existiert ein Freizeitplan.	○ Sobald es auf dem Mond-Hotel Pizza gibt, werden die Touristen kommen.
× Professor David Peake hält das Projekt für derzeit nicht finanzierbar.	× Die Gäste können im All entspannen.	○ Der Kellner Mahmoud Allal will nicht in dem Mond-Hotel arbeiten.
○ Professor David Peake hält das Projekt für überteuert.	○ Das Hotel wird über ein Schwimmbad verfügen.	× Die Versorgung der Touristen bereitet noch Probleme.

Aufgabe 3

Inhalte zusammenfassen

Bewertung:
2 Punkte

Im 20. Jahrhundert begannen Entdecker damit, die schon lange bestehende Idee, den Mond zu erreichen, erfolgreich umzusetzen. Bald entstand dann die Idee, auch Touristen zum Mond fliegen zu lassen.

Aufgabe 4

Textaussagen erkennen

Bewertung:
1 Punkt

○ Der Verfasser ist begeistert von der Idee, zum Mond zu fliegen.	○ Der Verfasser denkt, dass es die Reisen zum Mond nie geben wird.
○ Der Verfasser hält es für wünschenswert, dass Touristen zum Mond fliegen.	× Der Verfasser hält Reisen zum Mond derzeit für unrealistisch.
○ Der Verfasser wirbt für den Tourismus zum Mond.	○ Der Verfasser möchte die Menschen vor dem Weltraumtourismus warnen.

Aufgabe 5

Schreibabsichten erkennen

Bewertung:
2 Punkte

Es handelt sich um einen Sachtext, der die Leser über eine derzeit noch kurios anmutende Vorstellung, die Reise zum Mond für jedermann, informieren will.

Teil 2: Sprachkompetenz

Aufgabe 6

Sprachlichen Ausdruck verbessern

Bewertung:
4 Punkte,
je richtig verbessertem Fehler 1 Punkt

In den 50er- und 60er-Jahren des 20. Jahrhunderts unternahmen die USA und die UdSSR einen Wettlauf zum Mond, der darin gipfelte, dass der Amerikaner Neil Armstrong am 21. Juli 1969 als erster Mensch den Mond **betrat**. Wegen der **enormen** Kosten stellten aber die USA das bemannte Mondprogramm 1972 ein. Doch die Rückkehr zum Mond und die Errichtung einer ständigen Mondbasis kamen immer wieder **ins Gespräch**. Seit Ende 2006 verfolgt die US-Weltraumbehörde

NASA auf Geheiß von Präsident George W. Bush wieder **konkrete** Pläne für eine Mondmission. Ab 2024 soll es auf dem Mond dann eine **ständig** bemannte Basis geben.

Aufgabe 7

Fremdwörter durch deutsche Begriffe ersetzen

Bewertung:
4 Punkte,
je richtige Teilaufgabe
1 Punkt

a) Natürliche **Rohstoffe** wie Wasser und Sauerstoff versucht man aus Eisvorkommen zu gewinnen.
b) **Bis heute** sind die Pläne, ein Hotel auf dem Mond zu bauen, einzigartig.
c) „Wenn wir es nicht schaffen, die Kosten **tatsächlich/wirksam** zu senken (...) sehe ich kein(e) **Möglichkeit** für Massentransporte ins All."

Aufgabe 8

Kommasetzung

Bewertung:
5 Punkte,
je richtige Teilaufgabe
1 Punkt

	richtig	falsch
a) Am 16. Juli 1969 fliegt nach zehn bemannten, und unbemannten Testflügen erneut eine *Saturn* V-Rakete in Richtung Mond.		X
b) An Bord befinden sich die Astronauten Neil Armstrong, Michael Collins und Edwin Aldrin.	X	
c) Nach einem viertägigem Flug erreicht das Apolloraumschiff wie geplant den Mond, und umkreist ihn.		X
d) Zwei Stunden nach der Landung, klettert Neil Armstrong im Raumanzug die Leiter der Mondlandefähre hinunter.		X
e) Er sagt: „Das ist ein kleiner Schritt für den Menschen, aber ein riesiger Sprung für die Menschheit."	X	

Teil 3: Grammatik

Aufgabe 9

Wortarten bestimmen

Bewertung:
7 Punkte,
je richtige Teilaufgabe
1 Punkt

In den 50er- und 60er-Jahren des 20. Jahrhunderts unternahmen die USA und die UdSSR einen Wettlauf zum Mond, der darin gipfelte, dass der Amerikaner Neil Armstrong am 21. Juli 1969 als erster Mensch den Mond betrat.

in:	Präposition
unternahmen:	Verb
einen:	bestimmter Artikel
Wettlauf:	Substantiv/Nomen
der:	Relativpronomen
darin:	Adverb
erster:	Ordinalzahl

Aufgabe 10

Indirekte Rede

Bewertung:
7 Punkte,
je richtige Teilaufgabe
1 Punkt

Nicholas Brautlecht schreibt, die Hotel-Kette **sei** nicht allein mit ihren Plänen, die Grenzen des Tourismus neu zu definieren. Eine in den USA ansässige Stiftung **biete** der Firma, die das erste privat entwickelte Weltraummobil **baue**, zehn Millionen Dollar.
Das wiederverwendbare Fahrzeug **solle** die Passagiere zu einer suborbitalen Flughöhe von 100 Kilometern in den Weltraum **transportieren**, sicher wieder auf der Erde **aufsetzen** und binnen zweier Wochen erneut ins All **starten**.

Mein Ergebnis

Punkte	38–36	35–33	32–30	29–27	26–23	22–18	17–14	13–10	9–6	5–3	2–0
Note	1	1,5	2	2,5	3	3,5	4	4,5	5	5,5	6

Quellenverzeichnis:

S. 7 f. Jörn auf dem Kampe: Kakteen, Festungen des Lebens, aus: GEOkompakt Nr. 12, Verlag Gruner + Jahr AG & Co. KG, Hamburg, 09/2007.

S. 9 f. Tobias Bevc: Gesellschaft und Geschichte in Computerspielen, aus: Einsichten und Perspektiven, Gesellschaft und Geschichte in Computerspielen, herausgegeben von der Bayrischen Landeszentrale für politische Bildung, München, 01/2008.

S. 14 ff. Per Nilsson: Saras Brieftasche, aus: Du & du & du, übersetzt von Birgitta Kicherer, Verlag Friedrich Oetinger GmbH, Hamburg, 1999.

S. 17 f. Margret Steenfatt: Im Spiegel, aus: Augen aufmachen, aus: Siebtes Jahrbuch der Kinder- und Jugendliteratur, herausgegeben von Hans-Joachim Gelberg, 1984.

S. 20 ff. Nicole Meister: Wir reden morgen weiter darüber, aus: Moons Geschichte, Arena Verlag, Würzburg, 1993.

S. 23 Helga M. Novak: Schlittenfahren, aus: Geselliges Beisammensein, Schöffling & Co. Verlag, Frankfurt am Main, 1968.

S. 24 f. Stefanie Wilhelm: Bangladesch: Eine etwas andere Schule, aus: www.geo.de/GEOlino/mensch/56432.html, Verlag Gruner + Jahr AG & Co. KG, Hamburg, 2008.

S. 30 f. Nicholas Brautlecht: Invasion auf dem Mond, Ausgabe Nr. 31, Süddeutscher Zeitungsverlag, München, 2000.

Der Verlag hat sich nach bestem Wissen und Gewissen bemüht, alle Inhaber von Urheberrechten an Texten und Abbildungen zu diesem Werk ausfindig zu machen. Sollte das in irgendeinem Fall nicht korrekt geschehen sein, bitten wir um Entschuldigung und bieten an, gegebenenfalls in einer nachfolgenden Auflage einen korrigierten Quellennachweis zu bringen.